JN448213

Google Apps Script로

설계 및 구현하는 경제실험

장두석 지음

UUP.

■

- 2021년 08월 23일 **초판 인쇄**
- 2021년 08월 30일 **초판 발행**
- **지은이** 장두석
- **펴낸이** 오연천
- **펴낸곳** **UUP.**(울산대학교출판부) 680-749 울산광역시 남구 대학로 93(무거동) 울산대학교 출판부
- 전화 (052)259-2488 팩스 (052)277-3011 ▪ **홈페이지** http://uup.ulsan.ac.kr
- **출판등록** 제370-1996-000001호(1996.3.13)
- ₩ 13,000

■

불법복사는 지적재산을 훔치는 범죄행위입니다. 저작권법 제136조(권리의 침해죄)에 따라 위반자는 5년 이하의 징역 또는 5천만원 이하의 벌금에 처하거나 이를 병과 할 수 있습니다. 이 책의 판권은 울산대학교 출판부에 있습니다. 잘못된 책은 바꾸어 드립니다.

ISBN 979.11.6726.004.8 (93000)

목차

01

들어가는 말

가. 배경

경제실험은 주로 실험실에서 실시하여 특정 조건에서 실험한 참가자들의 의사결정과 관련된 자료를 모으는 것을 주요 목표로 한다. 이를 통해 어떤 변수 간의 인과관계를 밝히거나 혹은 어떤 이론을 실험적으로 증명하는 등에 사용되기도 한다. 혹은 기존의 주도적인 이론이 실험을 통해서 도전받기도 한다.[1)] 최근에는 이를 넘어서 수업 중에 어떤 이론적인 내용을 학생들이 실험을 통해서 학습하기 위해서 사용되기도 한다. 때문에 수업 중에 경제실험을 실시할 경우 실험실이나 학생들끼리 상호작용을 상대적으로 많이 해야 한다. 이는 분명 학생들의 수업 참여를 높이고 이해를 높일 수 있는 하나의 장점이 되기도 하지만 요즘 같이 전염병이 창궐하여 직접 대면이 어려운 시기에는 오히려 단점이 되기도 한다.

최근 코로나19의 급격한 확산으로 강의실과 같은 제한된 공간에서 실시하는 경제실험의 실시가 거의 불가능해지고 있다. 아무래도 컴퓨터실 등에 40~50명의 학생들이 함께 한두 시간의 상호작용을 하는 것은 코로나19의 전염 가능성을 높이기 때문이다. 물론 최근 백신 접종이 증가하고 있어 코로나19로 지체되었던 오프

---

1) 경제실험에서 사용될 수 있는 자료의 개수가 상대적으로 관찰 자료에 비해서 작기 때문에 어떤 주도적인 이론이 자료의 결과와 일치한다고 주장하기보다 그것이 통계적으로 일치하지 않는다고 주장하는 것이 수월하다.

라인 수업이 가능할 것으로 기대되고 있으나 동시에 변종 바이러스가 출현할 수 있으며 전 세계가 백신을 접종하기에는 상당한 시간이 소요되어 코로나19의 완전한 종식까지는 상당한 시간이 소요될 전망이다.

또한 코로나가 성공적으로 종식된다고 하더라도 이와 비슷한 다른 전염병의 출현이 언제든지 있을 수 있으며 이미 대학과 학생들은 온라인 수업에 점차 익숙해지고 있어 향후 그 이전과 같은 온전한 오프라인 교육으로 돌아갈 수 있을지도 분명치 않다. 따라서 4차 산업혁명을 기반으로 한 디지털 전환의 시대에 온라인에서 작동하는 경제실험을 설계하고 이를 실제로 구현하는 것은 교육적으로도 또한 변화하는 시대상황에 맞춰 의미가 있다.

반면 아직까지는 초기연구이지만 온라인 교육의 장단점이 공존하는 것으로 확인되고 있다. 경기도 교육 연구원이 경기도 지역 고등학생 48,302명을 대상으로 한 설문조사에서 고등학생들은 '내가 원하는 때 원하는 곳에서 학습할 수 있다'는 점(31.7%), '코로나19에 대한 감염 걱정 없이 수업을 들을 수 있는 것'(22.4%), '내가 원하는 수준으로 속도를 조절할 수 있다'(17.7%), '시간을 여유롭게 쓸 수 있다'(17.1%) 등으로 온라인 수업의 장점을 제시하였다(백병부&정재엽, 2020). 이러한 장점에 더해서 실제 대학에서 경험하는 또 다른 장점은 외국인 학생들을 대상으로 하는 수업에서는 보통 영어를 사용하는 데 한국학생뿐만 아니라 ESL인 외국인 학생의 경우에는 온라인 수업에서의 채팅은 분명 의사소통에 도움이 되기 때문이다.

단점 역시 분명하다. 동일한 연구에서 학생들이 집중력이 떨어지고(22.8%), 동아리 활동이나 체험활동을 하지 못한다(16.2%)는 점을 두 번째 단점으로 들었다. 따라서 온라인으로의 전환이 대세라고 하면 이러한 단점을 최소로 하면서 가능하면 장점을 증진하는 방법을 찾아야 하고 동시에 온라인에서 상호작용할 수 있는 방법을 찾아야 한다.

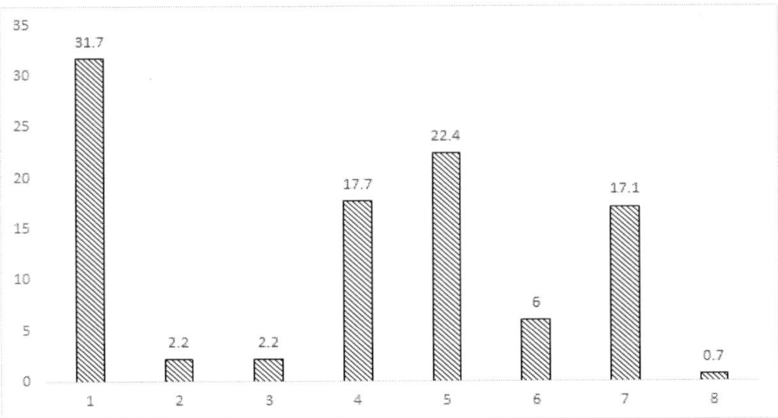

출처: 백병부&정재엽(2020)을 바탕으로 저자가 재작성

〈그림1〉 온라인 수업의 장점(단위:%)

(노트) 1. 내가 원하는 때 원하는 곳에서 학습할 수 있다./ 2. 선생님이 온라인에서 개별적으로 도움이 되는 글을 남겨주신다./ 3. 댓글로 의견을 표현하거나 질문을 하는 등 적극적으로 수업에 참여할 수 있다./ 4. 내가 이해할 수 있는 수준으로 배우는 속도를 조절하거나 반복해서 학습할 수 있다./ 5. 코로나19 감염에 대한 걱정을 하지 않아도 된다./ 6. 친구 관계에 신경을 쓰지 않아도 된다./ 7. 시간을 여류 있게 쓸 수 있다./ 8. 기타.

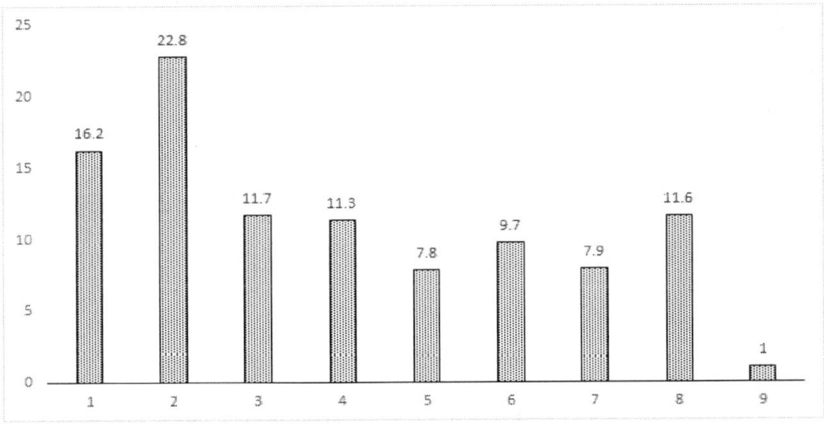

출처: 백병부&정재엽(2020)을 바탕으로 저자가 재작성

〈그림2〉 온라인 수업의 단점(단위:%)

(노트) 1. 동아리 활동이나 체험활동을 하지 못한다./ 2. 집중력이 떨어지고 인터넷 검색, SNS 등을 자주 한다./ 3.친구들과 어울릴 수 있는 시간이 줄어든다./ 4. 공부를 잘하는 학생과 못하는 학생의 실력 차이가 더 커진다./ 5.사교육을 더 많이 받게 된다./ 6. 설명 중심의 수업이 많아 학습 흥미가 떨어진다./ 7. 규칙적인 생활을 하지 못한다./ 8. 수업 이후에 과제(숙제)가 많다./ 9.기타.

물론 위 연구결과는 고등학생을 대상으로 하였기 때문에 대학생의 경우에는 차이를 보여줄 수도 있다. 그러나 대체로 고등학교 학생들과 나이에서 큰 차이가 나지 않고 대학생들을 대상으로 하여도 이미 비슷한 결과를 얻고 있어서 큰 차이는 없다고 본다.

나. 이 책의 목표

이 책의 목표는 주로 학생들 간의 상호작용이 요구되는 경제학, 심리학, 인성 등 수업 시간에 학생들이 실험에 대해서 이해하고 동시에 이를 온라인에서 구현하여 온라인 실험을 실시하는 것을 교육하는 것이 목표이다. 구체적으로는 주로 행동경제학을 듣는 학부과정 1학기 수업에 맞춰 구성하였으며 2학기에 나누어 교육하는 것은 가능하나 적합하지는 않다고 본다. 이 책은 대략적으로 학생들이 듣는 수업을 위해서 만들어졌지만 그럼에도 반드시 이 책이 수업시간에 교과서로 사용되어진다는 것을 의미하는 것은 아니다. 도리어 온라인에서 실시 가능한 경제실험을 설계하고 실제로 작성하는 것을 목표로 한 책이기 때문에 일반인을 대상으로 한 대중서로 보아도 큰 무리가 없다.

이 책은 온라인 상호작용을 구현하기 위해서 구글 앱스 스크립트(Google Application Script, 이하 GAS)를 주요 도구로 사용하였다. GAS는 아래에서 따로 설명하겠지만 구글의 클라우드 서버에서 제공하는 스크립트 언어이다. 주로 구글 문서(docs), 구글 시트(sheet), 구글 사이트(site) 등에서 작동한다. 이 책에서 사용하는 대부분의 예제는 2021년 7월 기준 작동하는 것을 확인하였으나 GAS 버전이 변경되는 경우, 구글의 정책이 변하는 경우 혹은 사용하는 환경 등에 따라서 다르게 실행되거나 실행되지 않을 수 있다.

어디까지나 이 책은 경제실험을 온라인에서 작동하기 위한 최소한의 내용을 다루며 GAS에서 사용되는 기반 언어인 자바스크립트(Javascript)나 GAS를 전문적으로 다루는 전공서가 아니다. 이미 밝혔듯이 교과서를 가장한 대중서라고 봐도 무방하다. 전문적인 내용을 원한다면 이와 관련된 전문서적을 참고하기를 바란다.

다. 이 책의 구성

이 책은 크게 보아 3가지 부분으로 나누어 있다. 첫 번째 부분은 경제실험에 대한 대략적인 설명을 하는 부분이 있다. 경제실험에 대해서는 이후의 내용을 이해할 수 있을 정도의 내용만을 제공한다. 두 번째 장과 세 번째 장은 자바스크립트와 GAS에 대해서 온라인 경제실험을 만들기 위한 기본 문법을 제공한다. 4차 산업혁명 시대에 젊은 인재에 요구되는 능력 중의 하나가 코딩능력이라고 한다. 사실 이런 주장에 그렇게 동의하는 편은 아니지만 최소한의 능력을 확보하는 것은 무해하다고 생각된다.

혹은 달리 말하면 주로 사회과학, 그 중에서도 경제학을 공부하는 사람으로서 최소한의 코딩 능력은 필요로 할 것으로 보인다. 이미 경제학이나 통계학을 공부하기 위해서는 어느 수준의 통계 패키지를 다루는 능력은 요구되고 있었다. 여기서 제공하는 문법과 예제가 이러한 통계 패키지를 다루는 수준 이상의 난이도를 요구하는 것도 아니다.

코딩은 다른 컴퓨터 언어를 통해서 최초로 배울 수도 있다. 가장 기계어에 가깝다는 어셈블러(Assembler)부터 주로 시스템 설계에 이용되는 C/C++/C#과 같은 언어들도 있다. 최근에는 주로 웹환경에서 이용되는 PHP/Perl/Python과 같은 언어들도 각광을 받는다. 혹은 일반적인 업무 환경에 관심을 둔다면 주로 마이크로 소프트웨어의 오피스웨어(Officeware)에서 작동하는 Visual Basic Application(VBA)이라는 언어도 있다. 그러나 여기에서는 주로 GAS를 이용한 웹환경을 구축하는데 목적이 있기 때문에 GAS에서 사용되는 자바스크립트라는 언어를 간단히 배운다. 처음 배우는 사람에게 자바스크립트라는 언어는 진입장벽이 낮은 편이다. 이는 분명한 장점이다.

마지막 장은 실제로 온라인에서 사용 가능한 경제실험을 설계하고 이를 GAS로 구현해보는 예제를 제공한다. 이를 통해 개략적으로 온라인 경제실험을 작성하는 원리 및 구현하는 방법을 이해할 수 있다. 모든 세세한 코드를 제공하지는 않지만 적어도 개략적인 설계와 작동을 이해하고 나면 개인이 이러한 온라인 실험을 설계하고 운영하는 데 큰 문제가 없을 것이다. 다만 실제로 학생들이 구현할 경우에는 제공된 코드 이상의 고민과 연구가 필요할 것이다.

자바스크립트나 GAS에 익숙한 독자라면 경제실험에 대한 부분과 실제 예제만 읽어도 충분할 것으로 생각한다. 비주얼 베이직 어플리케이션(VBA)과 같은 마이크로 소프트의 오피스웨어에서 작동 가능한 언어에 익숙한 독자라면 GAS에 대한 내용은 쉽게 이해할 수 있을 것으로 생각된다. 작동원리가 거의 유사하기 때문이다. 잠깐 훑어보는 것으로 충분할 것이다.

02

경제실험

가. 실험의 배경

1) 경제실험을 하는 이유

우리는 왜 실험을 할까? 첫 번째로 생각해야 하는 질문이다. 일단 가장 먼저 떠오르는 답은 인과관계(causal effect)를 밝히기 위함이다. 인과관계가 무엇인지는 다시 설명하겠지만 짧게 설명한다면 A라는 사건이 B라는 결과를 일으키는 원인이 된다는 뜻이다. 생각보다 이를 과학적으로 밝히는 것이 쉽지는 않다. 사실상 과학이라고 불리는 거의 모든 학문이나 분야에서 하는 일이 결국은 이 인과관계를 밝히는 일이라고 생각한다. 비슷하고 많이 혼용되지만 다른 개념으로 상관관계가 있다. 상관관계는 A라는 사건과 B라는 사건이 비슷한 방향성 혹은 시간성 등을 가지고 일어나 마치 어떤 관계를 가지고 있는 것으로 보이는 관계이다.

물론 계량경제학의 여러 모델들도 관찰 가능한 자료에서 출발하여 통계적으로 인과관계를 밝히는 모델이 존재한다. 예를 들어 도구 변수를 사용한 회귀 분석(instrumental variable regression, 이하 IV 회귀분석) 역시 나름 인과관계를 밝히기 위해서 사용되는 모델인데 IV회귀분석의 가정을 만족하는 변수를 찾는 것이 이론과 달리 경험적으로는 쉽지는 않다. 물론 다른 모델을 통해서도 인과관계를 밝힐 수는 있지만 이미 발생하여 존재하는 자료는 어떠한 조작이 이 변수가 만들어진 이후에 가능하지는 않다는 점에서 근본적으로 실험을 통해서 만들어진 자료와는 차이가 존재한다.

반면에 경제실험에서 만들어진 자료는 인과관계를 밝히기 위한 계량경제학에서와 같은 추가적인 처리가 필요하지 않다. 예를 들어 회귀분석에서 요구되는 오차항의 독립성, 비내생성과 같은 조건이 경제실험에서는 조작(treatment)의 임의할당(random sampling)을 통해서 일반적으로 극복이 가능하기 때문이다. 때문에 정밀하게 설계된 실험을 통해서 인과관계를 밝히려 하는 것이 경제실험의 첫 번째 중요한 이유이다.

현실적으로 경제실험에서 중요한 문제는 통계적인 추론의 문제라기보다는 경제실험의 설계가 실제 원하는 가설을 식별할 수 있도록 설계가 된 경제실험인지가 더 중요한 문제가 될 수 있다. 어떤 가설 A를 실험적으로 식별하는 것이 목적이라고 하자. 문제는 설계된 실험이 A를 식별하는 것이 아닌 A'을 식별할 수 있기 때문이다.

이 문제가 그렇게 쉽지 않다. 예를 들어 일반적인 계량분석에서 사용되는 최소자승법(OLS)과 같은 방법은 일종의 기성복과 같아서 이미 이 모델에 대해서 어느 정도 검증이 끝나 있는 모델이다. 이 모델이 어떠한 가정을 만족할 때 어떠한 내용을 식별할 수 있다고 통계적 추론에 의해서 증명돼 있다. 반면 경제실험의 경우 수제 맞춤복과 같은데 이는 식별하려는 목표를 제대로 식별할 수 있는지 증명된 바 없고 연구자가 스스로 증명해야하기 때문이다. 이 부분은 중요한 부분으로 아래에서 다시 언급하겠다.

두 번째로는 어떤 상황에서는 경험적으로는 필요한 관찰 자료를 얻을 수 없는 경우가 있다. 예를 들어, 연구자가 소비자가 어떤 물건을 사려고 할 때 마음속에서 그 물건을 사려고 하는 가장 높은 가격을 알고 싶다고 하자. 참고로 이러한 가격을 지불의사가격(willingness to pay price; WTP price) 이라고 칭한다. 일반적으로 지금까지 사용된 WTP가격을 얻을 수 있는 방법은 설문조사를 통해서 그 값을 소비자에게 물어보는 것이다. 예를 들어 "당신은 A라는 물건을 구매하기 위해서 얼마까지 지불할 의사가 있습니까?"와 같은 질문이다.

이와 같이 설문을 통해서 WTP가격을 어느 정도 알 수도 있겠지만 여러 가지 한계가 있다. 우선 그렇게 응답한 가격이 그 사람의 본심을 정확히 반영한다고 말하기가 어렵다. 소비자의 입장에서는 일단 실제로 그 가격을 지불하고 물건을 사는 상황이 아니기 때문에 자신이 마음속으로 정확한 가격을 알려줄 유인이 없다. 오히려 합리적인 소비자라면 이러한 WTP 가격을 낮춰서 보고하는 것이 자신의 이익을 위해서 더 합리적일 수 있다. 왜냐하면 낮춰서 보고된 WTP에 의해서 기업이 기업전략을 짠다면 장기적으로 소비자는 더 낮은 가격을 지불하고 물건을 살 수도 있음으로 소비자에게 유리할 수도 있기 때문이다. 실험적으로는 이러한 한계를 어느 정도는 해결할 수 있는데 이럴 때는 내재적으로 그 사람의 마음속 가격을 이끌어 내는 실험 혹은 원리를 설계해서 소비자의 WTP 가격을 추출할 수 있다.

또 다른 예로 어떤 사람의 위험에 대한 태도(risk attitude)를 알고 싶다고 하자. 이것을 연구자는 어떻게 알아낼 것인가? 역시 설문을 통해서 위험에 대한 태도를 물어볼 수도 있지만 한계가 있다. 예를 들어 50%의 확률로 백만 원을 주는 복권과 50%의 확률로 백만 원을 지불해야 하는 복권 A가 있다. 이 복권의 기대 수익은 0원이다. 반면 항상 a원을 주는 복원 B가 있다고 하자. 이 때 위험에 대한 태도를 알기 위해서 설문에서 복권 A와 B 중 어떤 복권을 선택할 의사가 있는지에 대해서 개인의 선택을 물어볼 수도 있다. 그러나 위의 WTP 가격과 비슷한 한계를 가지게 된다. 어차피 어떤 선택을 해도 자신에게 달라지는 것이 없다면 굳이 자신의 본심을 밝혀야 할 이유가 없기 때문이다.

반면 경제실험에서는 실제로 이러한 선택을 통해서 자신의 선택과 연동된 보상, 즉 일정 금액의 돈을 줄 수도 있다. 이를 통해서 마음속에 내제된 사람들의 위험에 대한 태도에 대한 정보를 추출할 수도 있다. 말하자면 어떤 숨겨진 혹은 내제된 인간의 특성 변수를 밖으로 끌어내기 위해서 경제실험을 설계하는 것이 효율적일 수도 있다.

세 번째로 경제실험이 아닌 자료로 보통 관찰을 통해서 얻을 수 있는 자료를 관찰 자료라고 부르는데 예를 들어, 인구, GDP, 수출 등과 같은 자료들이다. 과학적인 연구에서는 그 연구의 과학성을 인정받기 위해서 주로 요구되는 요건 중의 하나가 결과의 재현가능성이 있다. 그런데 경험적인 연구에서 사용되는 관찰 자료의 상당수는 다시 연구자가 임의대로 재현하기가 어렵다. 예를 들어, 2021년 현재

한국의 인구라는 자료는 어떻게 다시 만들어 질 수 있을까? 이런 자료는 특정 시기 및 시점에 단 한 개 존재하는 자료로 그 때의 자료를 수동적으로 관찰자가 관찰할 수밖에 없다. 어떤 특별한 조작을 통해서 인구자료를 얻었다고 해도 그 인구는 2021년의 인구가 아닌 특정 조건에 의해서 얻어지는 인구 자료일 뿐이다. 반면 실험을 통해서 특정 자료을 얻었다고 하면 이 실험을 통해서 2021년에 우리나라에서 할 수도 있고 동일한 실험을 2022년에 미국에서도 할 수 있다. 경제실험의 경우 그 경제실험이 내적 타당성을 갖춘 실험이라는 가정 하에 실험 자료를 재생산할 수 있다는 점에서 관찰 자료와는 다르다.2)

네 번째로 관찰되지 않는 변수들은 계량경제학 모델에서 많은 문제를 일으키는데, 정교하게 설계된 실험에서 임의추출(random sampling)을 통해서 그러한 관찰되지 않는 변수 등의 영향력을 상당히 효과적으로 제거할 수 있다. 예를 들어 다음과 같은 예제를 생각해보자. 교육 혹은 어떤 교육 프로젝트가 임금에 미치는 효과를 측정한다고 하자. 문제는 능력이 좋은 사람이 더 좋은 교육을 받을 가능성이 높고, 임금 역시 기본적으로 능력이 좋아서 임금을 더 많이 받을 수도 있다. 이럴 경우 개인의 능력이 임금에 미치는 효과를 제거하지 못한다면 교육이 높은 사람이 임금이 높다고 하는 평균적인 결과가 있다고 해도 이것이 그 교육이 임금을 높인다고 하는 인과관계가 있다고 주장할 수 없다.

그렇다면 실험에서는 능력이 임금에 미치는 효과는 어떻게 제거할 것인가? 혹은 능력이 교육을 받는 선택에 미치는 효과는 어떻게 제거할 것인가? 뿐만 아니라 다른 종류의 변수들, 예를 들어 성별, 가구 소득별, 지역별로 시험점수에 미치는 영향은 어떻게 제거할 것인가라는 문제가 남는다. 계량경제학에서는 이러한 문제를 이러한 변수를 통제(control)하여 제거하려 한다. 말하자면 비슷한 가구 소득을 가진 학생들을 비교하고, 같은 성별, 비슷한 지역에 사는 학생들 끼리 비교하거나

2) 물론 사회과학의 경우 사람들이 다르고 문화가 다르고 법·제도가 다른 한 다른 나라에서 다른 시점에 동일한 실험을 한다고 해서 동일한 결과가 나온다고 보장할 수는 없다. 당장 문화가 다르면 그 문화 자체로 많은 변화를 만들어 낼 것이기 때문이다. 그럼에도 불구하고 다름 모든 변수들이 동일하다면(ceteris paribus) 국가나 문화권이 다르다고 해도 동일한 결과를 보여 줄 수 있을 것이다. 예를 들어, 독재자 게임이란 것이 있다. 독재자와 수령자로 한 팀이 돼서 실험을 하는 데 독재자가 먼저 일정 금액의 돈을 받고 그 중 얼마를 수령자에게 제공하는 게임이다. 일반적으로 이 게임의 평균적인 수여량은 0이 아니다. 이러한 결과는 다른 나라, 인종, 문화 등 수많은 실험 조건에서 검증돼 왔으며 대략 비슷한 결과를 도출한다.

혹은 그들이 가진 평균적인 효과를 제거하여 특정 교육법의 효과를 통계적으로 추출하는 것이다.

그런데 경제실험, 특히 환경변수가 강력하게 통제되는 실험실 실험에서는 이것을 표본의 임의추출을 통해서 이론적으로는 무력화 할 수 있다. 특정 교육법 교육을 받은 그룹과 교육을 받지 않은 그룹을 임의 할당(random sampling)에 의해서 비슷하게 할당된다면 위에서 말한 소득, 지역, 성별과 같은 보이는 변수뿐만 아니라 능력과 같은 보이지 않은 변수들도 두 조작에 비슷한 비율로 할당될 것이다. 그렇다면 연구자에 의해서 통제된 조작을 제외하고는 다른 모든 보이는 보이지 않는 변수들이 이론적으로 비슷하게 할당되기 때문에 이러한 변수들의 평균적인 효과는 상쇄될 것이다. 때문에 통계적으로 이러한 변수들을 통제할 필요가 없다. 마찬가지로 보이지 않는 변수들은 또 어떻게 할 것인가? 역시 임의할당을 통해서 무력화할 수 있다.

그러나 물론 이 방법은 철저히 적절하게 모아진 표본을 바탕으로 적절하게 임의 표본을 할당한 경우에만 의미를 가진다. 만약 처음부터 한 쪽으로 쏠린 표본들만으로 실험을 하거나 어떤 실험에 참가한 실험자들이 특정한 특성을 가지고 있다던지 하면 실험자들을 할당하는 데 있어 임의표본이 실패하게 되고 결국 보이지 않은 변수의 영향력 등이 제거되지 않는다. 따라서 이 경우 경제실험을 통해서도 인과관계를 주장하기 어렵다.

2) 경제실험의 한계

지금까지 경제실험의 의의를 설명하였다면 경제실험 역시 단점이 있는데 크게 보아 두 가지 정도를 생각할 수 있다. 하나는 경제실험의 경우 특히 비용이 문제가 된다. 관찰 자료와 비교를 한다면 경제 연구에서 사용되는 많은 자료들은 통계청 등 국가나 지방자치 단체에서 제공하는 자료를 사용하고 있고 이는 대체로 무료이다. 반면 경제실험은 보통 사람을 대상으로 하기 때문에 피실험자가 실험에 참가하기 위한 경제적 유인 설계를 잘해야 한다. 보통 일반적으로 대학생이 경제실험에 많이 참가 하는데 최소한 2시간 동안 진행되는 실험에 최저임금 이상을 주어야 한다. 그렇다면 실험에 참가할 유인이 낮기 때문이다. 예를 들어 2시간 동안 진행되는 경제실험에 한 명의 피실험자가 참가하면 적어도 2만 원 이상의 비용이 지불돼야 한다. 만약 한 실험에 100명의 피실험자가 참가한다면 최소 2백만 원 이상의 비용이 필요하다.

여기에 이 실험을 보조하는 연구자가 있다면 이 연구 보조원에 추가적인 비용이 들어간다. 혹은 어떤 실험에서는 이 실험이 제대로 설계됐는지 검증하기 위해서 본 실험 전에 사전 실험(pilot experiment)을 실시하가도 한다.[3] 만약 사전 실험과 같은 것을 실시한다면 존재한다면 추가적인 비용이 드는 것은 당연하다. 요컨대 경제실험은 관찰 자료에 비해서 비용이 비싸다.

또 다른 단점은 아무리 비용을 지불하고 고품질의 자료를 얻는다고 해도 결국 실험에서 얻은 실험값은 진짜 사회에서 얻은 값이 아니라 그 사회를 단순화 한 환경에서 얻는 자료라는 한계가 있다. 특히 환경변수의 통제가 용이한 실험실 실험의 경우 통제가 용이한 만큼 실제 사회와는 차이가 존재할 수밖에 없다. 실험실은 사회 환경을 단순화한 것인데, 실험실 결과를 사회에서 그대로 적용할 수 있을 것인지에 대한 의구심이 있다. 한 마디로 외적 타당성에 대한 의구심이다. 그런데 여기에 대해서 노벨 경제학상 수상자인 Vernon Smith는 다음과 같이 주장하였다.

> *"실험실의 미시 경제에서 검증된 개인의 행동과 기관의 성과에 대한 정리는 유사한 ceteris paribus 조건이 유지되는 한 비 실험실 미시 경제(즉 현실세계)에 적용됩니다."*

요컨대 실험실에서 실험적으로 증명된 정리를 얻기 위해서 통제된 환경변수 등이 현실세계에서 실험실에서 통제된 수준으로 통제된다면 혹은 다른 변수들의 효과를 제거한다면 현실세계라고 실험실에서 얻은 정리가 적용되지 않을 이유가 없다는 뜻이다.

참고로 이러한 실험실 실험의 단점 때문에 상대적으로 필드실험(field experiment)의 장점이 부각된다. 필드실험은 실제로 사회의 실험 환경으로 나가서 해야 하는

---

3) 또 다른 예로 커피숍에서의 특정 음악이 의사결정에 미치는 효과를 분석한다고 하자. 물론 이 주제는 임으로 정한 주제이다. 이 때 실험을 위해서 커피숍을 일정 시간 대여해야 하며 이는 곧 추가적인 비용이 든다는 것을 의미한다.

실험인데 실험실에서 하는 실험과 달리 환경변수가 결국 실제 세상과 유사하기 때문에 현실설명력 혹은 외적 타당성이 높아지는 장점이 있다. 그러나 필드 실험의 경우 실험실 실험과 같은 수준으로 환경변수의 통제가 어렵기 때문에 근본적으로 인과관계를 강력하게 주장하기가 실험실 실험보다 어렵다는 단점이 있다. 즉 외적 타당성과 내적 타당성이 서로 트레이드오프의 관계가 있다는 뜻이 된다.

결국 외적타당성 관련된 또 다른 한계도 있다. 경제실험의 경우 일반적으로 피실험자들의 의사결정이 실험실에서 설정된 환경변수에 매우 민감하다는 단점이 있다. 예를 들어 피실험자가 실험실에서 받은 돈의 일부를 공공재에 기부할 수 있는 공공재 게임을 한다고 하자. 이 공공재 게임을 추상적으로 환경을 설정하는 경우 사람들의 기부성향을 얻을 수 있다. 그런데 이러한 성향은 환경에 따라 달라질 수 있는데 환경을 구체적으로 설정하는 경우 예를 들어 이름을 '기부게임'으로 변경하였을 때의 사람들의 기부성향이 차이를 보일 수 있다. 혹은 환경변수 중 결과적으로는 동일하지만 돈을 주는 방식인지 아니면 일단 주고 뺏는 방식인지에 따라서도 실험결과가 달라질 수 있다.

혹은 기부의 최소 단위 등이 변경되어도 피실험자의 의사결정, 즉 실험결과가 바뀔 수 있다. 이는 수많은 예 중 하나의 예이지만 일반적으로 경제실험은 그 실험을 어떻게 설계했느냐에 따라 결과 값이 달라질 수 있는 민감한 경우가 상당히 많아서 결과의 해석에 주의를 요한다. 달리 말하면 실험실의 결과를 실제에 적용할 때 다른 변수가 모두 통제된다면 원칙이 달라질 필요가 없으나 다른 변수의 값에 매우 민감할 수 있어 실제 세계를 설명하는 데는 설명력이 약할 수 있다는 뜻이다.

마지막으로 어떤 경우에는 실험을 할 수 없는 경우도 있다. 어떤 실험은 현실적으로, 법적으로, 혹은 도덕적으로 구현이 불가능하다. 19세기에는 인간과 원숭이의 혼종을 만들려고 한 적도 있다고 한다. 지금 듣기에도 끔찍한 이야기이다. 말하자면 이런 실험을 실제로 구현한다는 것은 불가능하다. 혹은 다른 종류의 인간 윤리에 반하는 실험은 수도 없이 많다. 물론 경제실험의 경우는 주로 인간의 경제 활동에 그 주제가 맞추어져 있기 때문에 특별히 제한이 필요한 실험이 만들어질 가능성은 매우 낮지만 그래도 윤리적인 부분 등에 있어 주의를 요한다.

도덕적인 기준을 성공적으로 통과한다고 하더라도 생각해 볼거리는 많다. 어떤 경우에는 실험결과를 해석하는 데 있어 주의를 요해야 한다. 예를 들어, 최근에 유행하는 코로나19에 새로운 백신이 한국에서 개발되었다고 하자. 이를 검증하기 위해서 코로나19에 걸린 사람들을 대상으로 새로운 백신 혹은 치료제를 투입하고 이를 통해서 얼마나 코로나19로 인한 치사율이 낮아졌는지 확인할 수도 있을 것이다. 그러나 달리 생각해보면 코로나19에 걸린 사람들이 특정한 유전적 특질이나 혹은 혈액형과 같은 특징을 가지고 있다면 이들에게 효과가 있는 백신이나 치료제가 그렇지 않은 다른 이들에게 실제 효과가 있는지 없는지 정확히 알 수는 없다. 혹은 어떤 특정 암에 걸린 사람들을 치료하는 새로운 치료제가 만들어 졌다고 할 때, 그 특정 암에 걸린 사람들에게 새로운 치료제를 사용해서 치료를 할 수도 있겠지만 현실적으로 특정 암에 걸린 사람들이 어떤 특정의 유전적 형질이나 혹은 특정한 생활습관을 가지고 있는 경우 이들을 대상으로 한 어떤 치료제가 모두에게 효과가 있는지는 알 수 없다. 요컨데, 실험 자료를 얻어도 계량경제학의 다양한 도구를 활용한 후처리가 필요할 수 있다는 뜻이다.

나. 인과관계와 조작

실험 자료는 관찰 자료와 달리 인과관계를 증명하는 데 있어 장점을 보여준다. 우선 인과관계는 상관관계와 다르다. 인과관계는 A라는 사건 등이 B라는 결과의 원인이 된다는 의미로 사용되는 반면 상관관계는 A라는 사건이 B라는 사건과 유사한 변동 혹은 유사한 이동의 방향성을 보여주지만 그렇다고 그것이 인과관계를 담보하지 않는다는 점에서 차이가 있다. 즉 인과관계는 상관관계를 담보하지만 상관관계를 인과관계를 담보하지 않는다. 아마도 이를 구분하기 위해서 사용하는 가장 고전적인 예제는 오비이락(烏飛梨落)이 있다. '까마귀 날자 배 떨어졌다'는 뜻인데 사실 까마귀는 날랐고 우연히 배가 떨어진 경우에라도 사람들은 까마귀가 배를 떨어뜨렸다고 생각한다는 뜻이다.

보통 사용되는 예제는 아이스크림 가게 매출과 익사사고 사망자의 수의 관계이다. 만약 아이스크림 매출과 익사사고 사망자의 수의 관계를 살펴보면 통계적으로 높은 상관관계를 보일 것이다. 아이스크림 매출이 늘어날 때 익사사고 사망자 수 역시 늘어날 가능성이 높고 줄어들 때 함께 줄어들 가능성이 높기 때문이다. 그런데 어떤 연구자가 아이스크림 매출이 늘어나면 익사사고 사망자 수가 늘어난다고 즉 인과관계를 주장한다고 하면 그 주장은 타당성이 높지 않을 것이다. 왜냐하면 진짜 원인은 오히려 따로 있을 수 있는데 여름이 더워 사람들이 수영을 많이 하기 때문이다. 즉 여름에 사람들이 해변에 많이 가기 때문에 아이스크림을 많이 먹고 익사사고도 많은 것이다. 평균 온도가 익사사고의 원인이 될 수는 있지만 아이스크림 매출이 익사사고의 원인이 되기는 어렵다.

그런데 이 인과관계를 증명하기 위해서는 필수적으로 조작이라는 개념이 동원되어야 한다. 연구자가 어떤 원인을 조작하고 그 조작을 한 자료의 결과값이 조작을 하지 않은 자료의 결과값이 통계적으로 다르다고 증명될 때 그 조작이 해당 결과의 하나의 원인으로 생각할 수 있기 때문이다. 그런데 조작의 개념적 설명은 다음 절에서 설명하겠지만 실험자가 자료를 조작한다는 의미는 실험자가 실험을 통제할 수 있어야 한다는 뜻도 포함되어 있다. 그런데 관찰값의 경우는 실험자가 그 관찰값을 통제할 수 없다. 조작을 할 수 없다는 뜻이다. 이전에 예제에서 인구라는 숫자는 조작될 수 없다. 물론 경험적인 연구에서 정부의 새로운 정책에 의해서 인구 추세가 변할 수도 있고 이를 바탕으로 인관관계를 통계적으로 추론하기도 하지만 엄밀한 의미에서 조작은 아무래도 실험자가 통제할 수 있는 실험실에서 좀 더 용이하게 구현된다고 할 수밖에 없다.

다. 좋은 경제실험의 설계를 위한 격언

이 장을 마치기 전에 생각해 볼 것 중의 하나는 실험과 이론과의 관계이다. 이에 대해서 행동·실험 경제학자인 Martin Dufwenberg가 ‘좋은 실험을 위한 격언’에서 간단히 정리한 것이 있다. 그는 좋은 실험을 설계하고 진행하기 위한 IDHR이라는 4가지 프로세스를 주장하였다. I는 idea를 지칭하며 세상이 어떻게 작동하는지를 기술하는 것이다. 반드시 이론에서 기인할 필요는 없지만 적어도 사람들이 납득할

만한 믿을만한 예제, 상식, 뉴스 등 적어도 사람들이 이해할 수 있는 방식으로 세상이 작동하는 방식으로 기술할 필요가 있다. 달리 말하면 왜 그런 주장을 펴치게 되었으며 그 주장의 근거는 무엇인가를 묻는 것이다. 첫 번째 단계이다.

두 번째 단계인 D는 design을 의미하며 I단계에서 세운 기본적인 아이디어를 식별하기 위한 적절하고 최적인 실험설계를 하는 것이다. 이러한 개념에는 실험조건 및 적절한 조작을 해야 할 필요가 있다는 뜻도 포함한다. 세 번째는 H로 hypothesis를 의미한다. 아이디어의 실험적 적절성을 지지하는 실험설계에 의해서 생성된 자료와 관련하여 표현된 기술 혹은 가정을 분명히 하는 것이다. 그리고 마지막 R은 result를 의미하며 실험에 의해서 만들어진 자료를 평가하는 것이다.

예를 들어, 시장에서 버블을 경험한 경우 이들의 시장 참여는 시장에서의 버블을 감소하는가? 라는 질문이 있다면 아이디어가 만들어진 것이다. 이를 위해서 실험실에서 가상의 버블을 만들고 조작한다면 이것은(실험) 디자인에 해당한다. 그리고 '경험이 시장에서의 버블을 줄이는가?'라는 명제를 해당 실험에서 구현되는 방식이 가설이 된다. 구체적으로 해당 실험에서 어떠한 조건일 때 사람들의 행동양식에 대한 가설을 세운 것이다. 그리고 실험을 실시하여 결과를 얻는다.

라. 주요 용어 및 개념들

1) 조작

가장 중요한 개념인 '조작(Treatment)'[4]은 실험에서 사용되어 다르게 적용된 환경이나 조건 등을 말한다. 혹은 우리가 상상할 수 있는 가능한 조작이라고 정의할 수 있다. 중요한 것은 조작이 없이는 인과관계를 말할 수 없다는 점이다.

한 가지 예를 생각해보자, 인간의 성별(gender)이 적합한 조작일까? 첫 번째로 생각해야 하는 것은, 실험실 등(엄밀한 실험 환경)에서 실험자가 해당 변수를 '조작'할 수 있느냐?에 먼저 대답을 해야 한다. 피실험자 앞에 실험자가 설치한 컴퓨터가 있다고 하자. 피실험자가 컴퓨터 앞에 서면 컴퓨터가 임의할당(random

4) 다른 학문에서는 자극(Stimuli)과 같은 용어로 사용되기도 한다.

sampling)으로 '남자' 혹은 '여자'라고 쓰인 글자를 화면에 보여준다고 하자. 그러면, 그 순간에 연구자는 즉시 피실험자를 생물학적인 남자 여자로 만들 수 있을까? 아마도 이것이 심리적인 실험이라면 가능한 조작이 될 수 있지만 그런 것이 아니라면 조작은 가능하지 않을 것이다. 물론 한 그룹과 다른 그룹의 남녀 성비의 비율을 확률적으로 조작할 수 있을 것이다. 예를 들어 A방에는 남자가 있을 확률이 70%이나 B방에는 남자가 있을 확률이 30%와 같이 말이다. 이 경우 조작한 것은 남녀의 성이 아니라 성의 비율이 된다.

물론 쥐를 대상으로 실험하는 경우 배아 세포단계에서 임으로 성별을 조작할 수 있다고 하면 그것은 가능한 조작이 된다. 100개의 세포 중 임의로 선택된 50개의 세포는 수컷으로 50개는 암컷으로 '조작'할 수 있다고 하면 그것은 합리적인 '조작'이라고 할 수 있고, 그럼 실험환경이 구성이 되는 것이다. 그렇지만 보통 인간을 대상으로 하는 경제실험의 경우 그러한 조작이 쉽지 않다고 봐야 한다. 때문에 실험적인 상황에서 남자가 여자보다 혹은 여자가 남자보다 어떻다고 하는 류의 주장은 조금 조심스러운 접근이 필요하다. 때문에 이러한 주장의 기저에는 일반적으로는 인과관계가 아닌 상관관계가 주요 원인일 가능성이 높다. 물론 관찰자료를 바탕으로 계량경제학적인 검증을 통한 주장은 가능하리라고 본다.

그리고 이미 어느 정도 설명이 되었지만 임의할당은 귀찮은 내제된 변수들의 영향력을 모두 통계적으로 무력화할 수 있는 장점이 있다. 예를 들어, 어떤 교육 프로그램 X가 점수에 미치는 효과를 알아보기 위해서 교육 프로그램 X를 받을 학생과 그렇지 않은 학생을 임의할당을 했다고 하자. 예를 들어 주사위를 던져서 짝수가 나오면 새로운 교육 프로그램을 이수하고 그렇지 않은 경우 새로운 교육 프로그램을 이수 받지 않는다. 일반적으로 시험 점수에 영향을 미칠 수 있는 요인은 무척이나 많다. 예를 들어, 시험에서 시험을 잘 보는 기술이 발달되어 있는 경우, 혹은 능력, 나이, 집안 소득, 성별, 등등의 여러 변수가 시험 점수에 영향을 미칠 수 있다.

그런데 임의 할당을 하면 이러한 알 수 없는 변수나 혹은 그 효과를 제거하기가 어려운 변수들의 영향력을 무력화할 수 있다. 예를 들어 조작1에 남자가 할당될 확률도 50%이지만 조작2에도 남자가 할당될 확률도 50%면 성별이 성적에 미치는 영향은 서로 확률적으로 상쇄된다. 혹은 능력이 좋은 학생이 조작1에 할당될 확률과 조작2에 할당될 확률이 동일하다면 역시 능력이 성적에 미치는 영향력을 상쇄하여 제거할 수 있다. 말하자면 실험자가 조작한 교육 프로그램을 제외하고 임의할당이 잘 됐다는 가정 하에 기타 변수의 영향력이 사라진다. 이 경우 교육 프로그램을 이수한 학생들의 점수가 통계적으로 더 높다면 이 교육프로그램의 점수에 대한 인과성을 확보할 수 있다.

2) 세션과 라운드

'세션(Session)'은 보통 실험이 이루어지는 날에 동일한 환경변수를 가지고 하나의 주제에 연결되어 의사결정을 하거나, 혹은 게임을 진행하는 하나의 기간 단위를 말한다. 하나의 실험은 몇 가지의 세션이 모여서 실험을 이룰 수 있다. 비슷한 개념으로 라운드(Round)가 있다. 라운드는 보통 세션의 하위개념으로 사용되는 데 환경변수가 바뀌지 않고 반복해서 진행하는 실험단위이다.

리더쉽 게임이라는 것이 있다. 리더쉽 게임은 자신의 돈의 일부를 기부하는 공공재 게임의 일부인데 n명의 플레이어 중 한 명이 앞서서 미리 기부하고 지도자의 기부를 관찰한 후 나머지 n-1명의 추종자들이 자신이 가진 돈 중 일부의 기부를 결정할 수 있다. 그런데 또 연구자에 따라서는 이 지도자의 기부를 여러 가지 상황에 따라 다른 실험을 구성하고 싶을 수 있다. 예를 들어, 지도자가 자발적인 지도자인지 아니면 비자발적으로 뽑힌 지도자인지에 따라 결과가 다른지 알고 싶을 수 있다. 혹은 지도자가 추종자의 이익을 변경할 수 있는 강력한 힘이 있는 경우 혹은 지도자가 되기 위해서 추가적인 비용이 들어가는 경우 등 다양한 상황을 세션으로 표현할 수도 있다. 혹은 어떤 의사결정 상황에서도 다양한 환경변수가 바뀌는 상황을 세션으로 표현할 수도 있다. 반면 라운드는 동일한 실험을 수 회 혹은 수십 회 진행하는 것을 지칭한다.

3) 속이기(deception)

또 다른 주제 중에 하나는 실험 중에 사용되는 '속임수(deception)'에 관련되어 논란거리가 있다. 심리학 등에서는 실험에서 속임수를 광범위하게 사용하는 것으로 보인다. 예를 들어, 특정 실험의 주제를 숨기고 실험을 하면서 실제로는 다른 목적의 실험을 하는 경우와 같은 것들이다. 그러나 일반적으로 경제학에서 사용되는 실험에서 실험의 주제 및 정보 등을 속이는 등의 행위는 허용되지 않는다.

이에는 몇 가지 다음과 같은 이유가 있다. 우선은 이러한 속이기는 실험을 위한 인력풀을 오염시킬 수 있다. 말하자면 보통 대학 등의 학교에서 학생들을 대상으로 실험을 하는 경우가 많다. 그런데 만약 그 실험 혹은 유사 실험에 참가한 실험 참가자들이 그 내용을 다른 친구들과 공유할 수 있으며, 이 경우, 그 실험의 실제 목적과 알려진 목적이 다를 경우 실험참가자들이 전략적으로 행동하거나 혹은 의사결정에 편의(bias)를 가질 수 있다. 이는 첫 번째로 실험의 결과가 오염될 수 있으며 실험의 결과가 향후 복제되는 것에 문제를 일으킬 수 있다. 물론 이는 비밀서약 등을 통해서 어느 정도 완화될 수도 있겠지만 그렇다고 이러한 문제가 완전히 해결되는 것은 아니다.

반면 경제실험에서 관심 있는 주제는 모든 정보를 완전히 제공한 후 완전 정보하에서 개인의 합리적인 의사결정에 주로 관심을 가지고 있다. 그리고 만약 관심이 있는 주제가 합리적이지 않은 의사결정이라고 하더라도 기술적으로는 주로 완전정보를 제공한 후에도 나오는 비합리성에 관심을 가지고 있으며 애당초 비합리적인 정보를 제공하여 비합리성을 유도하도록 설계된 실험에서 만들어지는 비합리적 결과에는 크게 관심이 없다. 말하자면 경제실험은 합리적인 유인체계에 의해서 설계된 하나의 허들(hurdle)이 있는데 그 허들을 뚫고 나오는 인간의 특성 및 합리적인 의사결정에 주로 관심이 있다. 그 허들을 뚫지 못하는 다양한 인간의 의사결정 등에는 크게 관심이 없는 편이다.

따라서 애당초 피실험자를 속일 이유가 많지 않으며 의도적인 속이기의 경우 경제학 실험에서는 인정되지 않는다. 다만 제한적으로 수동적 속이기는 꼭 필요한 경우에는 허용하기도 한다. 예를 들어, 실험의 목적을 속이는 것이 아닌 알려주지 않는 경우와 같은 경우를 지칭한다. 즉 적극적으로 거짓 정보를 제공하는 것이 아니라 어떠한 정보를 수동적으로 알려주지 않아서 피실험자가 이 실험의 내용을 오해하게 할 수도 있는 경우를 말한다. 꼭 실험에 필요한 이유가 논증된다면 허용되기도 한다.

4) Salience[5)]

보통 경제실험에서 주어지는 보상은 각 개인의 의사결정과 그것이 일으키는 결과에 충분히 상응하야 한다, 달리 말하면 어떤 의사결정에 따른 보상이 그 의사결정에 따라 적절히 다른 수준의 보상을 주어야 한다는 것을 말한다. 또한 각각의 보상이 충분히 커서 사람들의 의사결정을 신중히 하고 자신의 결정을 충분히 끄집어 낼 수 있어야 한다는 것으로 나누어 생각할 수 있다.

예를 들어, 어떤 사람의 위험에 대한 태도를 알기 위해서 다음과 같은 실험을 한다고 하자. 예를 들어 어떤 복권 A는 50%의 확률로 x원을 주고 50%의 확률로 x원을 실험자가 주어야 한다고 하자. B라는 복원은 x/10원을 준다고 하자. Salience의 의미를 이해한다면 이 때 x원이 충분히 커야 한다. 예를 들어 x가 100원이라고 하자. 즉, 이 복권 A는 50%의 확률로 100원을 받거나 주는 것이고 B복권은 10원을 받는 것이다. 이러한 선택이 유아를 제외하고 일반적인 성인들에게 어떠한 내제된 의사결정을 끌어낼 수 있을까? 대부분은 이정도 보상으로는 큰 의미를 가지지 못할 것이다. 어떻게 선택해도 의미가 없기 때문이다. 따라서 이 때 보상 x는 충분히 의미가 있도록 커야 한다는 것이 salience의 의미이다.

그런데 이 경우 보상 x는 얼마정도를 사용해야 할까? 당연히 많이 지불한다면 사람들의 정확한 의사결정을 추출하는 데 도움이 되겠지만 실험을 하기 위한 예산은 한정되어 있기 때문에 무작정 보상액을 높일 수는 없다. 이미 언급했지만 일반적으로 대학생들을 대상으로 하는 경우 비교 가능한 보상금액은 최저임금이다. 대학생이 1시간에 경제실험에 참여하지 않았을 경우 벌 수 있는 금액은 최저임금에 준해서 생각한다면 대략 시간당 1만원이 된다. 물론 이는 최소치에 가깝다. 위의 선택을 한 번만 하는 경우라면 모르겠지만 만약 1시간 동안 10번 정도의 다른 조건하에서의 복권을 대상으로 이 실험을 진행한다면 x는 천원 혹은 2천 원 정도가 되어야 할 것이다. 한 실험에서 천 원을 확보하고 이러한 실험을 10회 실시한다면 이 사람은 약 1만원의 돈을 기대하게 될 것이다. 만약 본 실험을 진행하기

---

5) 영어로는 돌출, 돌기, 혹은 중요점 등을 의미하며 다른 것과 구분 가능하게 해주는 돌출로 이해할 수 있다. '돌출성' 혹은 '현저성'으로 사용할 수도 있지만 적절한 의미를 담는 단어를 찾을 수 없어 원어 그대로 사용한다.

전에 사전 테스트를 진행했고 결과적으로 피실험자들이 그 때 일반적으로 B를 선택하는 경우 압도적으로 많다고 하자. 그렇다면 x가 2천원일 때 사람들은 200원의 보상을 받게 될 것이다. 사실 이는 매우 작은 값이고 사람들의 의사결정을 적절히 추출한다고 보기는 어렵다. 그렇다면 x의 값을 증가할 필요가 있다. 요컨대 피실험자들의 선호 및 의사결정을 뽑아내기 위해서는 보상이 충분히 의미 있을 정도가 되어야 한다는 뜻이다.

사회과학에서 많이 사용되는 일반적인 설문조사와 실험의 차이를 비교해보자. 만약 설문조사가 설문조사에 참여하는 경우에 일정금액을 주고 설문조사의 문항자체에는 다른 보상을 하지 않는다면 salience의 관점에서는 salience하다고 보기는 어렵다. 달리 말하면 이기적이고 합리적인 인간들은 설문조사를 성의껏 해야 할 유인이 없다는 뜻이 된다. 물론 그렇다고 이러한 결과를 너무 극단적으로 받아들일 필요는 없다. 동일한 주제에 대해서 실험과 설문을 통한 결과의 차이를 비교한 연구에서 상당수의 연구가 큰 차이가 없다고 주장하고 있다. 따라서 이론적인 엄밀한 의미에서 대조하여 이해할 필요가 있다는 뜻이지 설문조가 자체가 실험에 비해서 열등하다고 오해하면 안 된다.

예를 들어 생각해보자. '다음번 대통령 후보로 누구를 지지합니까?'라는 설문조사가 있다고 하자. 이 경우 이 설문조사를 하면 3천 원짜리 상품권을 준다고 하자. 이 설문조사는 일단 salient하지 않다. 마음속으로는 다른 후보를 지지하면서도 전략적으로 선호를 왜곡하기 위해서나 혹은 다른 이유로 다른 후보를 지지한다고 해도 그 뿐이기 때문이다. 이렇게 거짓말을 하는 것에 어떠한 패널티도 없다. 그래서 실제 선거에서도 아무리 전화나 핸드폰으로 설문조사를 해도 소위 샤이(shy) 보수나 샤이(shy) 진보처럼 자신의 의도나 지지를 들어내지 않는 그룹의 사람들이 존재하게 된다.

그럼 설문조사를 어떻게 salient하게 만들까? 첫 번째로 생각할 수 있는 방법은 만약 지지하는 대통령이 진짜로 당선된다면 지지한다고 의사표현을 한 사람들 중에 추천하여 백만 원의 상품을 준다고 하자. 그러면 이 조건은 이 설문조사를 salient하게 만들까? 답은 그렇지 않다. 왜냐하면 이 보상방법은 '대통령에 당선될 가능성이 높은 사람은 누구입니까?'라는 질문에 대해서 salient할 가능성이 높다.

따라서 자신은 어떤 사람을 지지하지 않지만 그럼에도 그 사람이 당선 가능성이 높으니 그 사람을 지지한다고 할 수 있기 때문이다. 따라서 이 경우 처음부터 질문을 '후보 중 당선 가능성이 높은 사람은 누구입니까?'라고 물으면 이 질문은 salient하게 된다. 그러나 사람들의 내제된 지지율을 추출하기 위해서는 다른 방법 예를 들어 증권, 이나 옥션과 같은 다른 방법을 사용해야 할 것이다.

위 예제는 생각보다 실험을 salient하게 설계하는 것이 쉽지 않다는 점을 말한다. 그래서 실험설계에서 가장 중요한 주안점 중의 하나가 바로 salience라는 것을 이해해야 한다. 예를 들어 다름과 같은 질문이 있다고 하자. 어떤 단백질 보충제 A를 먹으면 근육량이 더 빨리 증가한다는 주장을 실험적으로 검증하고 싶다고 하자. 첫 번째로 생각해야 하는 것은 이 주장의 타당성이겠지만 이것은 논외로 하고, 이를 측정할 수 있는 실험을 설계하게 될 것이다. 예를 들어 임으로 선택된 1그룹은 보충에 A를 먹고 임으로 선택된 2그룹은 보충제 B를 먹는다고 하자. 그리고 일정시간이 지나서 보충제 A를 먹은 그룹이 보충제 B를 먹은 그룹의 근육량이 더 많은지를 확인하는 것이다.

두 번째로 고민해야 하는 부분은 이렇게 설계된 경제실험이 실제로 연구자가 원하는 주장 '보충제 A를 먹으면 근육량이 늘어난다'는 주장을 제대로 검증할 수 있는 도구인지를 검증해야 한다. 우리가 지금 만든 실험은 오직 세상에 존재하는 하나의 실험설계이다. 따라서 이 설계가 과연 우리가 원하는 주장을 제대로 검증 및 식별할 수 있도록 설계된 도구인지를 검증해야 한다. 예를 들어 근육량은 과학적으로 3개월 이상 꾸준히 보충제 A를 섭취해야 효과적으로 늘어난다고 하자. 그런데 위 실험설계에서 1주일 동안 보충제를 섭취 후 근육량을 비교분석한다고 하면 그러한 실험은 제대로 우리가 원하는 것을 검증할 수 있는 도구가 되지 못한다.

크게 보아 실험은 3가지 부분을 중점적으로 검증해야 한다. 한 가지는 내가 주장하는 그 주장은 타당한 주장인가? 현실적으로 적절한 가설 혹은 주장을 만드는 것이 어떤 연구의 50% 이상이라고 생각한다. 아무런 주장을 아무 근거없이 할 수는 없고 반드시 어떤 주장을 하기 위해서는 적절한 근거가 있어야 한다. 만약 어떤 실험의 결과가 도출되었는데 최초의 주장의 적절한 근거에서 도출되지 않았다면 그 결과를 해석하기가 어렵고 과연 그 결과가 옳은 방법에 의해서 도출된 결과인지를 알기가 쉽지 않다.

두 번째로는 그 주장은 반드시 실험을 통해서 검증할 수 있는가? 기존에 있는 관찰값을 통해서 계량적으로 검증할 수 있는 것이라면 실험을 할 필요가 없다. 두 번째는 적절한 경제실험을 설계하는 것이다. 그리고 마지막 단계는 그렇게 설계된 경제실험이 첫 번째 단계의 주장을 검증할 수 있도록 설계가 되었는지를 확인하는 것이다. 실험설계 자체는 잘 되었지만 이 실험이 검증하는 것이 첫 번째 단계에서 주장된 주장을 검증하는 것이 아니라 유사한 다른 주장을 검증하는 것일 수도 있기 때문이다. 물론 그 이후 마지막 단계는 그렇게 해서 얻은 자료를 해석하는 것이다. 상대적으로 설계와 그 설계가 제대로 주장을 검증할 수 있는 도구라는 것이 확인된다면 그에 따른 결과를 해석하면 된다. 상대적으로 가장 쉬운 부분일 수 있다. 물론 그렇다고 이 부분이 무조건적으로 쉽다는 뜻은 아니고 통계적 분석이 필요한 부분이기 때문에 어느 정도 정형화된 방법이 존재한다는 뜻으로 이해할 수 있다.

- *(exercise) 태양광 발전소가 사람들의 건강에 미치는 영향을 알고 싶다고 하자. 어떻게 하면 salient가 있게 조작을 만들 수 있을지 고민해보자.*

- *(exercise) Salient하지 않은 실험설계의 예를 제시하라.*

- *(exercise) 지지율을 salient하게 추출할 수 있는 실험적 방법을 설계하라.*

5) 실험군과 대조군

실험군(treatment group or experimental group)과 대조군(control group)이라는 개념이 있다. 실험군은 특정 조작을 가할 그룹을 말한다. 어떤 그룹에는 새로운 교육 프로그램을 실시한다고 할 때 이 새로운 교육 프로그램은 조작이고 이러한 교육 프로그램을 이수한 그룹이 실험군이 된다. 반면 이 실험군과의 결과를 비교하기 위해서 아무런 처리나 조작을 하지 않은 그룹이 바로 대조군이다. 위 예제에서 새로운 교육 프로그램을 받지 않았거나 기존의 교육 프로그램을 받은 그룹이 대조군이 된다. 그리고 이렇게 처리된 후 결과값의 비교를 통해서 가설의 통계적 유의성을 검증한다.[6)]

마. 경제실험 예제

1) Bubble Experiment

금융 등의 분야에는 효율적 시장가설이라는 것이 있다. 이것은 예를 들어 주식의 가격은 그 기초가 되는 자산의 가치와 동등하다는 논리이다. 주식가격이 흔들리는 것은 그 기초 가격에 대한 정보가 바뀌고 있어 이를 반영하고 있기 때문이라는 믿음이다. 또 다른 근거로 비록 다른 시장에서 시장 참여자들이 비합리적일 수 있지만 적어도 자본주의의 꽃이라고 불리는 주식시장의 경우 상대적으로 더 합리적인 참여자들이 시장에 참여하고 설령 그렇지 않더라고 장기적으로 합리적인 이들이 살아남을 것이라는 믿음이 있다. 때문에 주식의 가치는 자산의 근본 가치 혹은 장기 가치를 편의 없이 반영하고 있다는 가설이다.

그런데 과거의 경제가 버블이었거나 혹은 어떤 침체기에 있었을 때 주식가격의 변동을 참고하거나 최근에 유행하는 비트코인 가격의 변동성을 확인하면 과연 주식가격이 합리적으로 기초 자산의 가격을 반영하고 있는지 회의가 들기도 한다. 다르게 말하면 주식 등의 가격 변동성이 그것의 기초가 되는 자산 가격의 변동성보다 더 커 보인다는데 문제가 있다. 그런데 예를 들어 이를 엄밀하게 검증하기 위해서는 버블의 존재를 확인할 필요가 있는데 사실 버블을 시장에서 정확히 판단하기가 쉽지 않다. 왜냐하면 시장에서 주식의 가격은 항상 새로운 정보를 반영하여 변동하고 있기 때문이다.

Smith et al.(1988)은 이러한 가설을 확인하기 위해서 다음과 같은 실험을 하였다. 우선 피실험자들에게 최초로 얼마의 돈과 가상의 주식을 부여한다. 이 실험에는

---

6) 이 책은 통계적 추론에 대한 책이 아니기 때문에 자세하게 적지는 않지만, 보통 모집단의 정규성이 담보된다면 t검증이나 3개 이상의 집단의 비교시 분산분석(ANOVA)을 통해서 집단의 차이를 통계적으로 설명한다. 다만, 우리가 하는 실험은 기본적으로 집단에 대한 정규성 가정을 하지 않고도 검정을 하고 싶을 때가 있다. 왜냐하면 실험의 특성상 엄밀한 인과관계를 밝히기 위해서 실시하는 경우가 많은 데 이때 모집단의 정규성을 가정한다면 밝히고자 하는 인과관계가 모집단의 정규성에 의존할 수도 있기 때문이다. 이럴 때는 모집단에 대한 가정을 하지 않는 비모수 통계(non-parametric statistics)를 사용한다. 대표적으로 t검정의 대응으로 Mann-Whitney 검정을 사용하거나 분산분석의 대응으로 Kruskal-Wallis 검정을 사용하기도 한다. 이렇게 하는 또 다른 이유 중의 하나는 실험에서 관찰값의 개수가 비용문제로 수십 개에 그칠 수가 있기 때문이다. 결국 자료의 개수가 정규성을 확보하기에 작을 때에는 비모수 통계로 이를 검정할 필요가 있다.

16개의 세션이 있고 각 세션은 240초 동안 지속된다. 기본적으로 이 가상의 주식은 실험이 끝나면 가치가 없어진다. 그리고 이 주식은 매 세션 말에 배당금을 주는 데 25%의 확률로 0$, 25%의 확률로 8센트, 25%의 확률로 16센트, 그리고 25%의 확률로 40센트를 준다. 따라서 예상 배당금은 16센트이다. 총 15개 세션에서 배당금을 받기 때문에 위험선호적인 투자자라 하더라고 최초 세션에서 0.4$×15세션 =6$ 이상의 돈을 이 주식에 투자할 수 없다. 만약 투자한다면 이 사람은 절대로 합리적인 투자자로 간주할 수 없다.

또한 시간이 가면 이 주식의 최대 가치는 점점 감소하게 된다. 따라서 t세션에서 이 주식의 최대 가치는 $0.4(16-t)$가 된다. 또한 기대가치는 매 세션 당 16센트임으로 $0.16(16-t)$가 된다. 연구자들은 자유롭게 사고파는 더블 옥션(double auction)[7]상황에서 이 주식을 거래하게 했다. 이때 이 주식의 거래 가격 $0.4(16-t)$을 넘는다면 이것은 합리적인 가격이 아니라 주식가격에 버블이 있다고 할 수 있다. 실제로 이 실험에서 대략적인 주식가격은 아래와 같다.

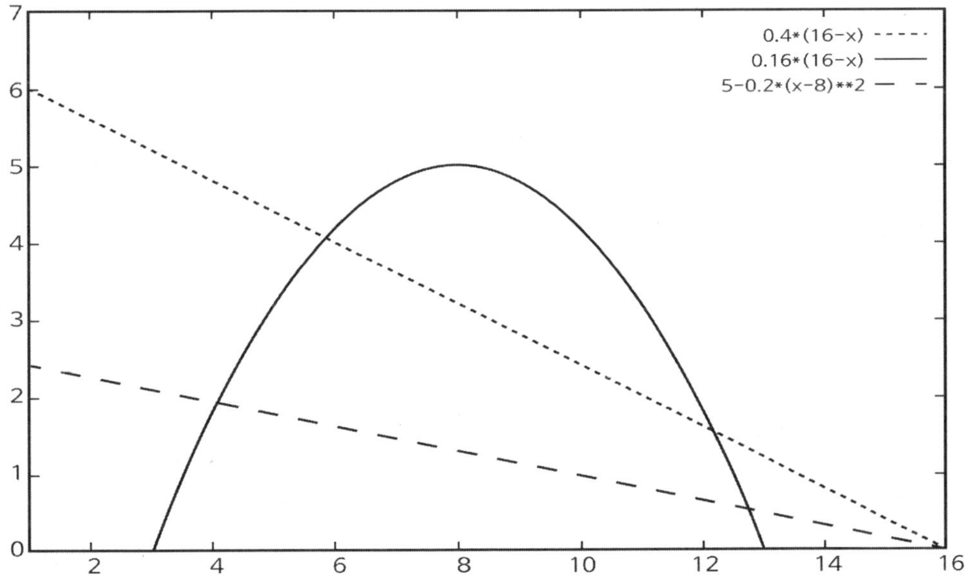

7) 옥션은 기본적으로 어떤 물건을 사고자 하는 사람들이 자신이 원하는 가격을 제시하고 일반적으로 가장 높은 가격을 쓴 사람이 가져가는 구조이다. 더블 옥션은 판매자는 판매하고 싶은 가장 낮은 가격을 제시하고 소비자는 구매하고 싶은 가장 높은 가격을 제시하여 물건을 사고파는 방법이다. 사실상 주식시장이 더블옥션의 형태로 운용되고 있어 위 실험은 주식시장을 묘사한 시장이다.

대략적인 그래프에서 $0.4(16-t)$와 $0.16(16-t)$는 우하향하는 직선으로 표현되었다. 그런데 일부 거래가격이 $0.4(16-t)$를 넘기도 하였다. 즉, 실험자들은 특정 기간 동안 비합리적인 가격으로 주식을 거래 했다는 점이다. 이 실험을 통해 사람들이 비합리적인 가격으로 주식을 거래한다는 증거를 확인할 수 있었다.

이 실험설계차원에서 생각해보면 첫 번째로 왜 버블실험을 설계했을까? 첫 번째 이유는 주식시장 참여자의 비합리적인 행태인 버블을 확인하기 위해서이다. 이를 하기 위한 다른 방법은 실제로 주식 데이터를 확인하는 것이다. 그런데 주식 데이터만 보고 버블을 확인하는 것에는 문제가 있다. 왜냐하면 주식 시장은 항상 새로운 정보를 받아들여 움직이고 있기 때문에 그것만 보고 이것이 비이성적인 참여자들의 행태인지 아닌지를 확인하기가 어렵다. 때문에 통제된 상황에서 비합리적인 행태를 확인할 필요가 있고 때문에 이를 통제된 실험으로 설계하였다.

이 실험은 16개의 세션으로 구성되어 있다. 각 세션마다 특정 환경변수의 값들이 바뀌고 있는 것을 확인할 수 있다. 즉, 배당금이 $0.4(16-t)$와 같이 세션이 계속될수록 감소하고 있다. 보통 라운드는 환경변수가 모두 동일하고 동일한 게임을 반복한다는 점에서 이는 세션이 맞다.

이 실험에서는 분명한 조작의 역할은 크지 않다. 왜냐하면 이 실험의 목적은 인과관계를 증명하기 위한 것이라기보다는 어떤 현상의 존재를 확인하려 하는 것이기 때문이다. 가장 큰 목적이 결국 버블, 비합리적인 선택이 존재한다는 것이다. 실험이 주로 인과관계를 확인하는 데 장점이 있지만 이 실험처럼 사람들의 통념, 즉 시장은 효율적이며 합리적인 시장 참여자들의 선택에 의해서 작동한다는 생각을 깨는 것에 의미가 있다.

2) 자발적 기부게임과 리더십 게임

앞에서 설명한 리더십 게임을 더 깊게 이해해보자. 리더십 게임을 이해하기 위해서 공공재 게임 VCM(Voluntary Contribution Mechanism, 자발적 기부게임)을 이해할 필요가 있다. VCM은 일반적으로 게임이 시작하면 얼마의 돈 M을 받는다. 그리고 각 플레이어들은 동시에 자신의 가진 돈 M 중 얼마를 공공재에 기부 혹은 투자를 할지를 결정한다. i번째 사람이 $x_i \in \{0,1,\cdots,M\}$만큼을 기부하는 것이다.

그러면 그렇게 모인 기부금으로 공공재에 투자되고 공공재가 진행되어 각자에게 일정부분 만큼 이익이 되는 게임이다. 각 플레이어의 보수는 다음과 같다.

$$\pi_i(x_1,\cdots,x_n) = M - x_i + \alpha\sum_{\forall j}x_j$$

이 때 α는 MPCR(marginal per capita return)이라고 부르는 것인데 각 플레이어들의 기부금의 합 중 얼마만큼이 참여자들에게 되돌아오는 비율을 나타낸다. 우선 이기적이고 합리적인 개인의 입장에서 생각해보면 i번째 선수가 1원어치를 기부한다고 하면 증가하는 보수는 아래와 같다.

$$\frac{\partial \pi_i}{\partial x_i} = \alpha - 1$$

그런데 만일 MPCR α가 1보가 크다면 무조건 타인과 무관하게 각 선수가 기부를 최대로 하는 것이 이익이다. 왜냐하면 1원어치의 한계 보수가 0보다 더 크기 때문이다. 사실 이런 문제는 경제학에서는 크게 관심이 없다. 세상의 어떤 문제가 있는데 사람들이 참여하거나 돈을 기부하는 것이 이익이라면 그 일은 이미 자본의 선순환을 일으키고 있기 때문에 투자하고 적극적으로 참여하는 것이 이익이다. 예를 들어 말하면 종이 빨대를 사용하는 것이 기업이나 소비자에게도 이익이라고 하자. 그렇다면 애당초 환경문제가 되지 않는다. 왜냐하면 처음부터 사람들이 플라스틱 빨대를 사용하지 않고 종이 빨대를 사용할 것이기 때문이다. 따라서 보통 $\alpha<1$을 가정한다. 즉 개인의 입장에서는 이 기부 혹은 투자 혹은 행동으로부터 얻은 이익이 α인데 그것이 지불한 돈보다 작다. 따라서 개인의 입장에서는 이 행위를 할 이유가 없다.

반면 모두가 이 행위를 한다면 즉 모두가 1원씩 기부를 한다면 그 증가하는 이익의 증가분은 $-1+n\alpha$이고 이것은 0보다 크다고 가정한다. 만일 0보다 작다고 하면 우리 모두가 힘을 합쳐도 여기서 얻는 이익이 0보다 작다. 즉 투자된 것보다 크지 않은 경우인데 협력해도 소용없는 경우임으로 이 상황을 연구하는 것은 아무런 의미가 없다. 따라서 VCM에서는 MPCR에 관련하여 두 가지 가정을 한다. 이를 요약하면 다음과 같다.

$$\frac{1}{n} < \alpha < 1$$

즉 혼자하기에는 벅차지만 그래서 혼자 기부할 유인은 없는데 함께 하면 이익이 되는 상황이다. 우선 VCM의 내쉬균형은 아무도 투자하지 않는 것이다. 그런데 현실에서 사람들은 어느 정도 공공재에 투자하거나 기부를 한다. 때문에 VCM의 이론적 균형은 현실 설명력이 떨어진다.

비슷하지만 또 다른 생각이 있다. 그것은 리더십 게임 혹은 예제에 의해서 유도되는(leading by example; LBE) 공공재게임이다. LBE게임이 VCM과 다른 것은 어느 한 지도자가 미리 다른 추종자들(followers) 앞에서 기부를 한다. 이 기부를 보고 나서 나머지 사람들이 기부를 하는 게임이다. LBE게임 역시 모든 지도자의 선택에서 추종자들이 기부해야할 이유가 없기 때문에 기부를 하지 않고 지도자 역시 기부를 할 이유가 없어서 균형(SPE)은 아무도 어떤 때에도 기부하지 않는 것이다.

그런데 실제로 이 LBE게임을 바탕으로 실험을 진행하면 재미있는 결과를 볼 수 있다. 일반적으로 LBE게임의 기부량은 VCM보다 많고 지도자의 기부량이 추종자들의 기부량보다 많다(Levati et al. 2007, Haigner & Wakolbinger 2010). 또한 자발적으로 지도자가 된 경우와 외부에서 임으로 선택된 지도자가 된 경우에 자발적으로 지도자가 된 경우가 전반적으로 더 많이 기부하는 경향이 있다.

이 때 실험을 보통 다음과 같이 설계한다. 실험자들은 임으로 3그룹으로 나눈다. 첫 번째 그룹은 일반적인 VCM을 실시한다. 두 번째 그룹은 자발적으로 지도자를 정한 후 LBE게임을 실시한다. 만약 지도자가 나오지 않으면 VCM을 실시한다. 세 번째 그룹은 지도자를 임으로 정한 후 그 지도자가 먼저 기부하고 그것을 본 후 나마지 사람들이 기부를 한다. 그리고 각각의 그룹에서 게임을 20회 반복한다.

이를 실험설계차원에서 이해하면 다음과 같다. 우선 이 게임의 조작은 3가지가 된다. 하나는 다른 LBE이 그룹과 비교하기 위한 기본설계의 성격을 가지고 있다. 보통 실험설계에서는 이러한 조작을 대조군(control group)이라고 한다. 실제로 실험자가 확인하기를 원하는 조작은 두 번째 조작과 세 번째 조작으로 지도자가 자발적으로 나오는 LBE게임과 지도자가 임으로 선택되는 LBE게임이다. 이러한 조작을 실험군이라고 부른다. 만약 이렇게 다른 그룹간의 평균적인 기부량이 차이가 난다면 나머지 모든 항목들은 임의표본에 의해서 각각의 그룹에 비슷하게 나누어졌다고 믿을 수 있음으로 조작, 즉 지도자의 여부 및 지도자가 되는 방법에 의해서 차이가 날 것이다. 이 경우 이 게임을 20회 반복하는 것은 보통 라운드라고 부른다. 왜냐하면 특별히 환경변수가 조작을 제외하고 바뀐 것이 없기 때문이다.

3) 간접적 상호주의(indirect reciprocity)

일반적으로 경제학에서는 합리적이고 이기적인 인간을 가정하지만 최근에는 현실적인 인간에 대한 연구도 상당히 이루어지고 있다. 이기적인 인간에 대한 대응의 한 종류로 상호 주의적 인간에 대한 연구도 있는 데 상호주의는 상대가 나에게 친절한 경우에 나도 상대에게 친절하게 행동하려 하는 성향을 가지고 있다고 가정한다. 이러한 성향을 상호 주의적이라고 부르는 데 상호주의적인 성향에도 직접적인 상호주의와 간접적인 상호주의가 있다. 직접적인 상호주의는 A가 B에게 친절하게 행동할 때 B 역시 A에게 친절하게 행동할 수 있는 성향을 의미하는 데 반해서 간접적 상호주의는 A가 B에게 친절하게 행동할 때 B는 전혀 무관한 C에게 친절하게 행동할 수 있다는 성향을 말한다.

Seinen&Schram(2006)은 다음과 같은 연구에서 간접적 상호주의를 실험적으로 증명하였다. 우선 독재자 게임이 있다. 독재자 게임은 A라는 사람이 보통 10$의 돈을 받아서 전혀 모른 B에게 얼마의 돈을 줄지를 결정한 후 실제로 그 돈을 주고 나서 종료되는 게임이다. A와 B는 서로 컴퓨터로 매치가 되기 때문에 서로의 신원을 알거나 실제로 만나지 않음에도 불구하고 일반적으로 사람들은 약간의 돈을 B에게 주는 경향이 있다. Seinen&Schram(2006)은 이러한 독재자 게임을 다음과 같이 발전하였다. 예를 들어, 독재자 A가 B에게 얼마의 돈을 주는 데 A는 과거에 B가 독재자 일 때 평균적으로 얼마를 상대에게 주었는지에 대한 정보를 제공받는다. 이 경우 일반적으로 독재자 A는 이전의 상대에게 많은 돈을 주었던 경우 B에게 더 많은 돈을 주는 경향이 있다. 이 때 재미있는 것은 B가 과거에 상대에게 돈을 더 많이 주었다는 사실은 A의 이익과 무관하다. 즉, B가 자신과 무관한 상대에게 더 많은 친절을 베풀수록 그 사람에게 친절을 베푼다는 논리로 이해가 가능하다. 간접적 상호주의이다.

Jang(2020)은 Seinen&Scharma(2006)의 연구를 소비자의 보이콧의 경우로 확장하였다. 소비자는 일반적으로 어떤 상품에 대해서 보이콧을 할 수 있는 데 사실 소비자가 물건을 사는 것이 이득일 때 물건을 보이콧 할 합리적인 이유가 없다. 보이콧이 성공할 때 본인에게 어떤 구체적인 이득을 주는 지 알 수 없는 반면 당장 필요한 물건을 구매하지 않음으로서 얻는 비용은 구체적이기 때문이다. Jang(2020)은 하나의 보이콧 게임을 디자인 하고 비간접적 상호주의가 영향을 미칠 수 있는 실험 내 조작을 하였다. 우선 설계된 보이콧 게임은 다음과 같다. 게임이 시작되면 한 명의 공급자와 두 명의 소비자가 한 팀이 된다. 각각 비용과 가치를 나타내는 하나의 숫자를 임으로 부여받는다. 공급자는 비용 이상으로 물건을 소비자에게 팔아야 이익이 되고 반대로 소비자는 가치보다 더 낮게 물건을 사야 이익이 된다.

일반적으로 이러한 게임에서 공급자가 제시하는 판매가격이 소비자의 가치보다 낮다면 그래서 최소한의 이익을 담보할 수 있다면 합리적인 소비자는 항상 그 물건을 사게 된다. 그렇지만 현실에서는 어떠한 물건을 사는 것이 이익이 됨에도 불구하고 물건을 사지 않는 경우가 종종 있다. 예를 들어 어떤 회사의 종업원에 대한 상급자의 갑질이 사람들의 공분을 일으켜 그 물건을 사지 않기도 한다. 말하자면 보이콧이다.

그런데 만약 소비자에게 현재 물건을 팔고 있는 공급자가 기존의 다른 소비자에게 부여한 원가율을 알려주면 어떻게 될까? 사람들은 보이콧을 더 하게 될까? 아니면 아무런 영향을 미치지 못할까? 만약 소비자의 보이콧 비율이 증가한다면 이것은 소비자들이 현재의 공급자가 자신과 무관한 사람들에게 더 많은 이익을 가져가고 있을 때 이 공급자를 보이콧할 가능성이 높아졌다는 의미이며 동시에 일종의 간접적 상호주의의 증거가 된다. 실제 실험 결과는 큰 영향을 미치지 못한 것으로 통계적으로 결론 내렸다.

결과적인 해석이 아니라 실험설계의 차원에서 이 게임을 분석해보자. 하나는 가장 주요한 조작은 한 쪽의 소비자에게는 현 공급자의 과거 평균 원가율을 알려주는 것이고 다른 조작에서는 알려주지 않는 것이다. 소비자와 공급자는 임으로 할당되었기 때문에 이론적으로 다른 영향은 합리적으로 제거되었다는 가정 하에 만약 두 그룹 간 유의미한 차이를 보여준다면 간접적 상호주의를 통계적으로 증명할 수 있게 된다. 이 실험에서는 환경변수를 변경하지 않고 오직 동일한 게임을 반복하기 때문에 하나의 세션과 수개의 라운드가 존재한다.

Salience 차원에서 소비자와 공급자들은 각각 실제로 더 싸게 살수록 혹은 더 비싸게 팔수록 이익이 된다. 그리고 평균적으로 한 시간 정도 실험에 투자해서 각자가 1만5천 원 정도의 보상을 가져갔음으로 보상이 약간 부족한 느낌은 있지만 salience에 문제가 되는 정도는 아니다. 다만 이 실험의 결과가 과연 현실을 제대로 설명하느냐 혹은 외적 타당도를 얼마나 인정할 수 있는가는 다른 중요한 문제이다. 왜냐하면 이러한 보이콧 실험은 상당히 많은 실제의 환경변수를 단순화한 것이기 때문이다.

- *(Exercise) 관심 있는 하나의 주제를 경제실험을 통해서 설명할 수 있도록 적절한 경제실험을 디자인 해보자. 이 디자인에는 적절한 조작이 무엇인지 분명이 밝혀져야 하며, 어떻게 임의 할당을 구현할 것인지 고려되어야 한다. 또한, 적절한 보상을 위한 설계를 할 필요가 있다.*

4) A price is a fine

심리학, 법학, 범죄학 등에서는 다음과 같은 가설(?)이 있다.

"어떤 행동에 부정적인 결과가 부과되었을 때 사람들은 그 특정한 반응 혹은 행동을 감소한다. 그러나 그러한 부정적인 결과가 제거되었을 때 이전의 불연속적인 행동은 다시 전형적으로 나타나는 경향이 있다."

대부분은 사람들의 부정적인 행동을 감소하기 위해서 벌금, 형벌과 같은 벌주기(punishment)가 가장 효율적인 도구로 사용되며, 다만, 다른 요소가 변하지 않으면 벌주기의 효과는 시간이 갈수록 감소한다. 이러한 이론은 주로 법과 관련된 사람들이 이를 강력하게 주장하는 편이며 이를 통해 미래 범죄를 유의미하게 감소할 수 있다고 주장하는 사람들도 있다.

Gneezy&Rustichini(2000)는 이러한 아이디어를 검증하고자 실험을 설계했다. 우선 데이케어(day care) 센터, 우리로 치면 낮 동안 아이들을 돌봐주는 유아원은 보통 오전 9에서 오후 4시까지 운영되며, 많은 부모들이 늦게 아이를 찾아간다. 이 경우 담당자, 혹은 아이들의 선생님은 늦게까지 남아서 초과근무를 해야 한다.

그들은 부모들이 늦게 오는 행동에 벌금(fine as a punishment)을 부과할 경우에도 부모들이 통상적으로 늦게 올 건지를 실험하였다. 이스라엘에서 하이파(Hifa)의 10개의 데이케어 센터를 대상으로 1998년 1월부터 6월까지 대략 20주 동안 실험하였다.

모두 같은 도시의 같은 지역에 위치한 데이케어 센터를 선택하였으며 각 데이케어 센터의 중요한 유의미한 차이는 없다. 각 센터는 35명이 최대 수용 가능한 인원이며 한 달에 1,400 NIS(380불)을 지불하였다. 계약된 보육시간은 오전 7:30분에서 오후 4시까지이며 일반적으로 4:30분을 넘어서 오는 부모는 없다.

첫 4주 동안은 단순히 늦게 오는 부모들의 빈도를 확인한 후 5주부터 6개 데이케어 센터에서 1분 이상 늦게 오는 부모에게 벌금을 부과하였다. 4개 데이케어 센터는 컨트롤 그룹으로서 벌금을 부과하지 않았다. 다시 이러한 벌금 부과는 17주까지 진행된 후 일률적으로 벌금을 제거한 후 다시 부모들이 늦게 오는 빈도를 관찰하였다.

실험을 시작할 때 실험에 참여할 것인지를 데이케어 센터 원장들에게 참여할지 여부를 물어보았다. 다만, 이러한 설계가 자발적인지 아닌지를 생각해볼 필요는 있으며, 참여한 원장들에게는 보상으로서 500 NIS짜리 도서구매 쿠폰 제공하였다.

5주째 임의할당을 통해서 6개는 조작된 그룹(treated group), 4개는 컨트롤 그룹(control group)으로 구분한 후 조작된 그룹에 속한 데이케어 센터에 '벌금' 조작을 실행하였다. 벌금에 대해서 부과된 공고가 부모가 볼 수 있도록 게재되었다.

벌금은 아이 한 명당이며 그 달에 늦은 횟수를 모두 합산하여 매달 말 부과하였다. 선생들은 이 벌금에 대해서 알지만 실험에 대해서는 알지 못하였다. 벌금을 더 받아도 선생에게 인센티브는 없었다. 그리고 17주차에 설명 없이 이 벌금이 없어졌다. 만일 부모가 벌금이 없어진 이유를 물어보면, 원장은 시행착오를 위해서 벌금을 시행했었고 평가를 위해서 없앴다고 설명하게 되어있었다.

참고로 10 NIS는 그렇게 작은 돈은 아닌데, 예를 들어, 불법주차가 75 NIS, 신호위반이 1,000 NIS와 페널티 추가, 개 배설물을 치우지 않았을 때 360 NIS, 베이비시터가 시간당 15 NIS 혹은 20 NIS을 받았다. 당시의 이스라엘은 월평균 임금은 NIS 5,595이다.

이 실험의 대략적인 결과는 다음과 같다. 첫째, 우선 벌금을 부과하기 전(1주에서 4주)에 두 그룹 간 차이는 없었다. 둘째, 혹시 두 그룹 간 시간에 따른 경향이 있는지는 확인하였다. 다시 말해 주당 늦게 오는 부모의 숫자의 증가는 단순히 부모들이 선생님과 친해진 후 더 늦게 오기 때문에 증가하는 것일 수 있다. 그러나 이러한 가설은 폐기되었다. 아이를 맡긴 주가 증가한다고 해도 늦게 오는 횟수가 증가하지는 않았다.

다만 매우 흥미롭게도 벌금을 부과한 후 늦게 오는 부모들의 숫자가 오히려 증가하였다. 나중에 벌금을 제거해도 늦게 오는 부모들의 숫자가 감소하지 않았다. 이러한 주요 결과를 어떻게 설명할 것인가? 첫째, 정보제공과 불완전한 계약의 관점이 있다. 벌금의 도입이 불확실한 계약과 패널티를 구체적으로 변경하여 부모들이 그에 적응하게 된다. 둘째, 벌금의 도입이 어린이집 교사가 늦게 까지 남는 친절한 행동을 부모들이 필요한 만큼 구매할 수 있는 일종의 서비스로 인식하기 시작하였다. 결국 벌금이 도입이 그 이전에는 불확실하게 인식하고 있던 부정적인 행위의 비용과 친절의 가치를 돈으로 비교 가능하게 만들면서 돈을 지불한 만큼 늦게 오는 행동이 증가하였다고 해석하는 경향이 있다

이제 실험적인 차원에서 이 실험을 분석해보자. 우선 이 실험은 실험실 실험이 아닌 필드 실험이다. 둘째 조작은 벌금을 주는 데이케어 센터와 돈을 주지 않는 데이케어 센터를 구분하여 조작을 구현하였다. 라운드의 개념과 세션의 개념을 구현하기는 쉽지 않다. 시점이 달라질수록 다른 정보와 환경변수가 변하기 때문이다. 17주차에 이러한 조작을 제거함으로써 시점 간 비교를 가능하게 하였다.

참고로 데이케어 센터는 비슷한 지역에서 비슷한 서비스를 제공하는 곳으로 선택하였다. 조작을 제외한 다른 요소가 실험결과에 영향을 미치는 것을 방지하기

위함이다. 그리고 이 실험은 salience가 있다는 것을 검증하기 위해서 지불한 금액을 전반적인 임금과 비교하였다. 그리고 이 실험은 암묵적인 그리고 소극적인 속이기가 사용되었다. 왜냐하면 실험참가자들, 즉 부모들이 이 실험에 참가하고 있다는 것을 알고 있지 못하기 때문이다.

03

자바스크립트(Javascript) 프로그래밍

자바스크립트는 객체지향의 스크립트 언어로 주로 웹 브라우저 내에서 사용되는 언어로 클라이언트(client)의 다양한 웹환경을 구현하는 데 사용이 된다. 때문에 주로 html에 종속되어 사용되어 html 문서의 기능을 확장하는데 사용돼 왔다. 비록 Java + Script라는 이름을 사용하고 있고 일부 문법이 비슷하기는 하지만 근본적으로 자바(Java)와 자바스크립트는 동일한 언어는 아니며 자바스크립트는 주로 웹브라우저에서 사용하는 자바와는 독립적인 언어라고 이해해도 무방하다. 우리는 주로 GAS에서 사용할 정도의 최소한의 자바스크립트의 언어의 문법을 이해하는데 목적이 있다. 때문에 이 책에서는 최소한의 수준에서 자바스크립트 언어의 사용법을 이해하기 위해서 노력하는데 그친다.

따라서 이 책은 자바스크립트 언어의 모든 내용을 친절하게 설명하는 기본서나 참고서가 아니다. 이 책은 목적에 맞게 최소한의 내용만을 설명한다. 따라서 아래에서 자바스크립트나 GAS를 공부할 때 필요한 심화적인 내용을 관련 교과서를 참고하거나 구글에서 제공하는 온라인 매뉴얼을 참고하면서 읽는 것이 도움이 될 것이다. 대부분의 핵심적인 내용은 구글이 제공하는 도움말과 예제에 친절하게 해설이 되어 있으니 반드시 참고하는 습관을 들이자.

또한 컴퓨터 언어를 본격적으로 이해하기 위해서 자료구조, 알고리즘, 데이터베이스 등 이 책의 범위를 넘는 내용을 더 깊게 이해하고 싶은 독자는 반드시 해당 전문서를 참고하기를 추천한다. 다시 한 번 말하지만 이 책은 기본적으로 코딩을 전공으로 하지 않는 특히 인문·사회계 학부 학생들을 위하여 만든 책으로 전문적인 컴퓨터 과학 혹은 프로그래밍 관련 내용이 아닌 필요 최소한도의 내용을 제공하는 데 그 목적이 있다. 따라서 이 책을 완전히 이해한다고 해도 전문적인 내용과는 거리가 있으며 그 보다는 자바스크립트에 대해서 기본적인 이해를 가지게 될 뿐이다.

가. 자바스크립트 언어 이해하기

1) 자바스크립트를 이용할 환경을 설정하기

우리는 주로 GAS 상에서 자바스크립트를 사용할 것으로 다른 종류의 통합개발환경(Integrated Development Environment; IDE)을 사용하지 않고 GAS가 주어지는 기본적인 개발환경을 이용하여 자바스크립트를 탐구하려 한다. 물론 GAS가 제공하는 개발환경도 IDE의 기본적인 기능을 제공하고 있다.

우선 GAS를 이용하기 위해서는 구글 계정이 있어야 한다. 이 책에서는 구체적으로 문서를 만드는 것을 보여주거나 개발환경을 보여주지는 않고 간단히 설명하는 데 그친다.[8] 우선 구글 드라이브(Google Drive)에 들어간 후 새로 만들기를 하면 구글 문서, 구글 스프레드시트 등 다양한 형태의 구글이 제공하는 문서를 만들 수 있다. 그 중에서 기본적인 구글 문서나 스프레드시트가 아닌 추가적인 문서도 만들 수 있는 데 메뉴 아래에 보면 더보기가 있다. 더보기를 클릭하면 Google Apps Script를 만들 수 있는 메뉴가 추가적으로 나온다. 이를 클릭하면 구글이 제공하는 개발환경이 열리고 '제목 없는 프로젝트'가 만들어진다.

필요하다면 이 프로젝트의 이름을 바꾸어 나중에 관리하기가 쉽게 한다. 여기에 아래와 같은 기본적인 코드가 들어가 있다.

8) 저작권 문제가 있어 구글의 화면을 보여주는 것이 쉽지 않다.

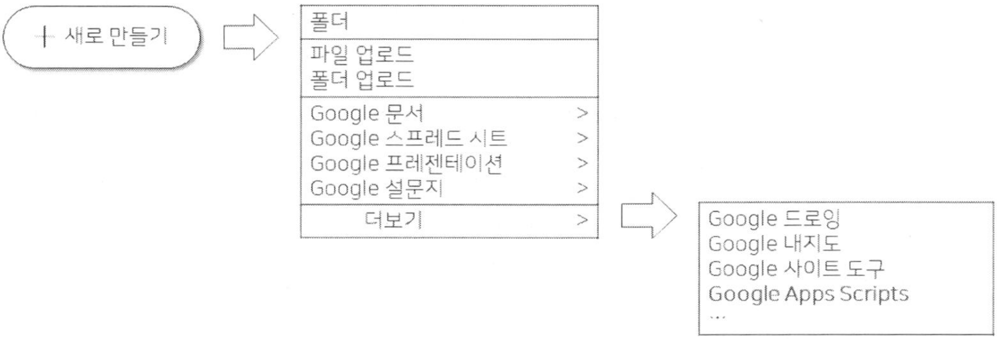


```
function myFunction() {
}
```

사용자가 만들 코드는 기본적으로 myFunction에서 시작하는 데 최초의 함수의 이름이 myFunction 이라는 것이다. 이 코드에 보통 프로그래밍을 배울 때 가장 먼저 실행하여 보는 코드를 입력해보자. 괄호{ }로 둘러싸인 부분에 다음과 같이 코드를 입력하자.

```
function myFunction() {
  console.log("Hello World!");
}
```

아마도 con정도 치면 부가 창이 뜨면서 console을 선택할 수 있으며, 이 후 비슷한 방식으로 위와 같이 입력할 수 있을 것이다. 설령 부가창이 뜨지 않는 경우라도 위와 같이 내용을 모두 입력하면 된다. 색깔 역시 구글의 IDE가 알아서 구분하기 쉽게 색깔을 입혀준다. 예를 들어, 따옴표 " - "안에 있는 문장은 붉은색으로 표시하여 그것이 문자열이라는 것을 표현해준다.

괄호{ } 안에 Hello world! (안녕, 세상아!) 라는 문장을 넣었는데 사실 이 문장은 오래된 컴퓨터 프로그래밍 서적에서 시작한 전통을 따른 것이다. 많은 프로그래밍 관련 예제에서 보통 첫 번째 코드로 사용되고 있다. 우리나라에 만든 서적들

중에는 영어 대신 '안녕, 세상아'와 같은 문장을 사용하고 있기도 하지만 보통은 이 예제를 사용한다.

이제 이 최초의 프로그램을 실행하여 보자. 이 프로그램을 실행하기 위해서는 우선 이것을 저장해야 한다. 위쪽에 보면 디스켓 모양의 아이콘이 있는데 이것을 클릭하면 저장이 된다. 저장을 하고나면 이제 '▷실행' 모양의 아이콘이 활성화된다. 저장을 하지 않으면 이 아이콘이 활성화되지 않는다. 이제 이것을 클릭해보자. 그러면 약간의 시간이 흐르고 아래쪽의 실행로그라는 곳에서 다음과 같은 내용이 아래 실행 로그에 표시된다.

〈표1〉 실행결과

오후 1:52:31 알림	실행이 시작됨
오후 1:52:33 정보	Hello World!
오후 1:52:32 알림	실행이 완료됨

오후 1시 52분 31초에 이 최초 프로그램이 실행되었고, 우리가 작성한 코드를 따라서 오후 1시 52분 33초에 Hello World!가 로그 창에 표시되었다. 그리고 1시 52분 32초에 실행이 완료되었다고 알려주었다. 일단 여기까지 했으면 성공이라고 할 수 있다. 일단 이 시간은 실행하는 시간에 따라 다르기 때문에 큰 의미는 없다. 시작시간과 끝내는 시간을 표시한 것이 불과하다.

- *(exercise) 앱스 스크립트 에디터를 실행하고 프로그램의 이름을 myFirstProgram 이라고 수정한 후 실행해보자.*

- *(exercise) 이번에는 "안녕, 세상아. 잘 지네요?" 라고 표시하는 프로그램을 만들어보자.*

참고로 위 예제에서 console.log와 같은 문장은 자바스크립트와 GAS에서 인식하는 명령어이다. 어떤 명령어는 위와 같이 이미 시스템에 내장되어 있어 가져다 사용하기만 하면 된다. 물론 사용자가 직접 자신에게 필요한 명령어를 만들어 사용할 수 있다. 다만 자바스크립트는 대소문자를 구분한다(case sensitive). 영어 대문자와 소문자를 구분하기 때문에 var대신에 Var라고 쓰거나 VAR라고 쓰거나 vaR라고 쓰면 각각 다른 명령어로 인식한다.

2) 변수를 설정하기

이제부터 자바스크립트라는 언어를 본격적으로 공부해보자. 우선 처음으로 배워야 할 것은 변수라는 개념을 이해하고 이를 설정하는 방법이다. 변수는 어떤 변하는 값을 저장하기 위한 용도로 사용되는 공간 혹은 방이라고 이해하면 된다. 예를 들어 전자계산기를 사용하다 보면 중간에 특정 값을 메모리에 저장하고는 나중에 필요할 때 이를 가져와 사용하는 것이다. 값을 로드(load)한다고 말하기도 한다. 변수는 말 그래도 변하는 값을 저장할 수 있는 공간이다. 프로그래밍을 사용하다보면 다양한 변수를 만들어야 한다. 마찬가지로 변수도 대소문자를 구분한다. 따라서 x와 X는 다른 변수이다.

변수를 만들기 위해서는 var 라는 용어를 사용한다. var라는 명령어를 사용하여 필요한 변수를 메모리 어딘가에 사용하겠다고 등록하는 것이다. 즉 어떤 변수를 사용하기 위해서는 등록해야 한다. 그런데 변수를 왜 등록해야 할까? 우선 컴퓨터는 인간이 시키는 것밖에 하지 못한다. 물론 최근에는 인공지능(AI)을 이용하여 단순히 시키지 않은 것 이상의 그 무엇을 실행할 수 있게 진화하고 있다. 이를 위해서 다양한 기능을 탑재하려 하고 있지만 아직까지 우리가 사용하는 컴퓨터는 시키는 것만 한다. 그런데 인간이 어떤 변수를 만들라고 명령하면 컴퓨터는 물리적인 컴퓨터 메모리라는 어떤 공간에 이 변수를 저장하기 위한 방을 만든다. var라는 명령어는 메모리 어딘가에 앞으로 사용자가 사용할 변수의 방을 만들어 달라는 명령한다.

```
function myFunction() {
  var myAge = 20;
  console.log("Hello World!");
}
```

위 문장에 추가된 부분은 var myAge = 20; 이다. 여기서 var는 내가 myAge라는 이름을 가진 변수를 만들 것이니 물리적인 메모리에 myAge라는 이름을 가진 방을 만들어 달라는 뜻이다. 그리고 뒤에 = 20이라는 부분이 있는데 이것은 그 방에 20이라는 값을 할당해 달라는 뜻이다. 즉, 그 방에 20을 넣으라는 말이다. 물론 이렇게 처음부터 20이라는 값을 넣을 필요는 없다. var myAge;라고만 적어도 된다.

그런데 이렇게 값을 할당하는 이유는 소위 초기화를 위해서이다. 초기화란 우리는 필요할 때마다 필요한 방을 만들어 쓰는데 그 방이 지금은 내가 사용하기 위해서 쓰고 있지만 그 전에는 다른 누군가가 필요해서 쓰던 방일 수도 있다. 문제는 그 사람이 그 방을 치워놓고 나갔다면 좋겠지만 그 방을 치워놓고 나가지 않았다면 그 방에 이상한 값이 넣어져 있을 수도 있다. 때문에 미리 내가 방을 치우고 어떤 값을 넣고 들어간다는 뜻이다. 말하자면 우리가 보통 어떤 집에 새로 이사할 때 입주청소를 하는데 그런 것을 하는 것과 같다고 생각하면 된다.

그리고 문장의 마지막에 세미콜론; 을 추가한 것을 주목하자. 이 세미콜론은 내가 하는 여러 가지 명령어 집합이 있는데 그 중 한 명령단위가 끝났다는 것을 컴퓨터에 알리는 것이다. 다른 언어에서는 다른 종결자를 사용하지만 자바스크립트에서는 세미콜론을 사용한다. 특정 경우에는 ;를 사용하지 않고도 프로그램이 실수가 없이 작동하기도 한다. 예를 들어 그 명령어 다음에 새로운 명령어가 없는 경우는 굳이 세미콜론을 사용하지 않아도 더 이상의 추가된 명령어가 없기 때문에 사실은 세미콜론이 불필요하다. 예를 들어 위 예제의 마지막 명령어인 console.log에 세미콜론 없이 실행해도 실수를 만들지 않는다. 그럼에도 불구하고 가독성과 일관성을 위해 세미콜론을 추가하는 것이 나중에 실수를 줄이는데 도움이 된다.

이제 새로 만든 코드를 실행해보자. 아무 것도 달라지지 않고 표3의 실행결과와 같은 내용만을 표시할 것이다. 물론 실행시간을 실행한 시간은 변경될 것이다. 요컨대 우리가 만든 코드는 메모리라는 곳에 어떤 변수를 담을 방을 만들고 그 방의 이름을 myAge라고 이름을 붙였고 그곳에 20이라는 값을 넣은 것뿐이다.

이제 아래와 같이 입력하고 실행을 해보자.

```
function myFunction() {
  var myAge = 20;
  console.log("내 나이는 "+myAge+"살입니다.");
}
```

그러면 다음과 같은 결과를 보여준다. 다만, 실행시간과 종료시간은 공통적으로 출력되는 부분이며 컴퓨터와 실행시간에 따라 모두 다르며 언어를 이해하는 데 본질적인 부분이 아니라서 앞으로는 표시하지 않는다.

```
내 나이는 20살입니다.
```

지금 myAge라는 변수에 있는 20이라는 값을 밖으로 꺼내어 표시한 것이다. 다른 예제도 확인해보자. 이제는 코드가 조금씩 길어지는 필요할 경우 라인번호를 추가하여 표시한다.

```
1    function  myFunction () {
2      var  myAge  = 20 ;
3      console.log ("내 나이는 "+myAge +"살입니다");
4      console.log ("내 나이는 "+(myAge +1 )+"살입니다.");
5      console.log ("내 나이는 "+myAge +1 +"살입니다.");
6    }
```

코드 1

새롭게 4번 라인과 5번 라인을 추가하였다. 이 코드를 실행해보면 다음과 같은 결과를 보여준다.

내 나이는20살입니다
내 나이는21살입니다.
내 나이는201살입니다.

재미있는 부분은 (myAge+1)이라고 하면 괄호()를 먼저 실행하게 된다. 따라서 숫자인 myAge에 1을 더하고 난 후 21이 된 후 이 숫자를 표시하였다. 반면 5번 라인을 실행할 때는 myAge를 표시하고 다시 1을 표시하기 때문에 201이 표시되었다.

참고로 자바스크립트는 변수형에 대해서 관대하다. 예를 들어 어떤 변수를 문자열로 정의하거나 숫자로 정의하는 것에 대해서 관대한 편이다. c언와 같은 언어들은 변수형에 매우 민감하기 때문에 엄밀하게 고려되어야 한다[9]. 따라서 자바스크립트의 경우 "안녕하세요" 같은 문자열이나 100과 같은 숫자 같은 경우에도 모두 var라는 예약어를 사용해서 변수의 유형을 정하지 않고 할당이 가능하다. 물론 처음 공부하는 사람에게는 변수를 자유롭게 할당하는 것이 비교적 쉽게 변수를 할당할 수 있어 수월한 편이나 나중에 변수형이 자유롭기 때문에 이를 처리하는 과정에서 더 많은 컴퓨터 자원을 사용하게 된다. 그만큼 느리게 처리될 가능성이 높다는 뜻이다. 또한 변수형이 자유롭다고 해도 문자열을 이용하여 사칙연산을 한다던 지와 같이 숫자와 문자가 충돌하는 경우도 발생한다. 이럴 경우 형이 자유롭다는 것은 그만큼 나중에 정교한 프로그래밍을 할 때 실수가 발생할 확률이 높아진다는 의미이다.

3) 연산자

변수를 이용한 다양한 연산이 가능하다. 덧셈(+), 뺄셈(-), 곱셈(*)과 나눗셈(/)과 같은 4칙 연산뿐만 아니라 논리적인 연산 역시 처리 가능하다. 다음의 예제를 보고 파악하자.

```
function myFunction () {
  var  x=10 , y =20 ;
  var  z=x +y , w =x **2 ;

  console.log (x ,y ,z ,x ++,++y );
  console.log (w );
  console.log (y /x , y %x )
```

9) 다른 변수형은 모두 다르게 정의되고 다른 변수향의 연산에는 신중을 기울여야 한다.

```
8
9        console.log (x );
10       x +=5 ;
11       console.log (x );
12       x -=5 ;
13       console.log (x );
14     }
```
코드 2

그리고 이 코드를 실행하면 아래와 같은 결과가 보인다. 이 내용을 해석해보자.

10 20 30 10 21
100
1.9090909090909092 10
11
16
11

우선 일반적인 연산은 모두 자바스크립트에서 처리 할 수 있다. 2번 라인에서 x=10을 y=20을 할당하였다. 그리고 두 값의 합을 z라는 새로운 변수에 할당하였다. 그리고 w에 새로운 연산자가 등장하는 데 **이다. 이것은 자바스크립트에서는 'x의 y 승'을 나타낸다. 즉 $10^2 = 100$을 의미한다. 그리고 라인5에서 x, y, z를 log화면에 표시한다.

그리고 라인5에는 ++이라는 새로운 연산자가 사용되었다. x++ 혹은 ++x는 변수 x의 값을 1씩 증가하라는 의미이다. 다만 x++은 만약 이 식이 다른 식과 연결되어 있다면 이 변수와 관련된 식을 먼저 실행하고 1을 증가하라는 의미이다. 반면 ++x는 먼저 x의 값을 증가하고 관련된 식을 실행을 하라는 의미이다. 그래서 5번 라인을 실행한 결과값을 살펴보면 "10 20 30 10 21"이 나온다. 각각 x, y, z의 값을 표시한 것이며 x++은 x값인 10을 먼저 표시하고 값을 증가하여 11이 되었다. 이를 다음과 비교하면 되는데 ++y를 실행할 때 y의 값을 먼저 증가하여 21이 된 후 그 값을 표시함으로 21이 표시되었다. 그리고 w의 값 100이 표시되었다.

그 다음 라인은 x/y와 x%y의 차이점을 설명한다. 전자는 x를 y로 나눈 후 나눈 몫을 의미하며 후자는 x를 y로 나눈 후 나눈 나머지를 의미한다. 각각 21을 11로 나누면 1.90...이 된다. 그런데 이 값은 우리가 원하는 몫이 아닐 수 있다. 21을 11로 나누면 정수 몫은 1이고 나머지는 10이 된다. 이럴 때 몫을 구하는 방법은 여러 가지가 있는 데 정부 부분만 Math.trunc함수를 통해서 떼어낼 수도 있다. Math.trunc 함수는 실수에서 정수값 만을 반환하는 함수이다. 즉, Math.trunc(21/11)=1이 된다. 그리고 나머지는 위처럼 21 % 11을 하면 10이 반환된다.

자주 사용되는 또 다른 연산자도 있다. +=, -=, *=, /=와 같은 연산자들이다. 예를 들어, x+=5는 x=x+5와 같다. 여기서 주의할 점은 =은 왼쪽과 오른쪽이 같다는 것을 의미하는 연산자가 아니다. 단순히 오른쪽의 값을 왼쪽으로 입력한다는 의미를 가진다. 따라서 x의 본래 값 11에 5를 더하여 16이 되고 이 값을 다시 x에 할당하여 16이 된다는 뜻이다. 나머지도 +=와 비슷하게 작동한다. 이러한 연산자를 처음 본 경우 익숙하지 않을 수도 있지만 익숙해지면 편리하게 사용할 수 있는 연산자이다.

논리연산자라는 것도 있다. 논리연산자는 크게 보아 논리합(and)과 논리곱(or) 등을 연산하는 연산자이다. 혹은 x라는 명제와 y라는 명제가 동치인지를 확인하는 연산자는 ==이다. 또 다른 논리연산자로 !로 표시되는 부정이 있다. z가 참일 경우에 !z는 거짓이 되고 z가 거짓일 경우 !z는 참이 된다. 논리합은 &&로 논리곱은 ||로 표시한다. 아마도 고등학교 때 배운 논리값을 연산하는 논리표를 회상해보면 논리식의 결과는 다음과 같다. T와 F는 각각 참(true)과 거짓(false)을 말한다.

〈표2〉 논리표

x	y	x&&y (x and y)	x||y (x or y)	!x (not x)
T	T	T	T	F
T	F	F	T	F
F	T	F	T	T
F	F	F	F	T

예를 들어 위의 예제의 연장에서 x==5라고 하자. 이 때 ==는 할당을 나타내는

= 연산이 아니고 왼쪽과 오른쪽이 동일한지를 판단하는 논리 연산자이다. x는 11이고 11은 5와 다르기 때문에 x==5라는 명제는 거짓이 된다.

아래의 예제를 확인하자.

```
1    function  myFunction () {
2      var  x =10 , y ="철수";
3
4      var  z =(x ==5)||(x ==10);
5      console.log (x ,z );
6
7      var  z2 =(x ==5)&&(y =="철수");
8      console.log (z2 );
9    }
```

코드 3

2번 라인에서 x에 10을 할당하였고 y에는 "철수"라는 문자열을 할당하였다. 4번 라인에서 (x ==5)||(x ==10) 라는 논리곱을 확인하자. 우선 x==5라는 명제는 거짓(false)이다. 그리고 x==10이라는 명제는 진실(true)이다. 그런데 이 두 명제가 논리합(or)으로 연결돼있다. 이 경우 하나만 참이어도 참이기 때문에 z는 참(true)이 된다. 반면 라인7을 보면 (x ==5)&&(y =="철수")와 같이 논리가 엮여있다. 우선 x==5는 거짓이다. 그리고 y=="철수"는 참이다. 그리고 이 두 명제가 논리곱(and)로 엮여있다. 논리곱은 두 명제가 모두 참일 경우에만 참이다. 따라서 이 명제 z2는 거짓이다. 이 결과를 실행해보면 아래와 같이 확인할 수 있다.

10 true
FALSE

참고할 수 있는 연산자 중에 |와 &가 있다. ||와 &&는 논리연산에 사용되어서 참(true)과 거짓(false)을 반환한다. 그러나 |와 &는 조건문의 값을 숫자로 인식한 후 or과 and 연산을 한다. 예를 들어, x의 값이 1이라고 하자. (x==1)||(x==2) 연산의 경

우 첫 괄호는 참이다. |와 &는 참은 1로 거짓은 0으로 변경하여 연산한다. 따라서 1 | 0인데 이는 참임으로 1이 된다. 쉽게 생각해서 &&와 ||은 논리값을 연산하는 반면 &와 |는 논리를 숫자로 치환하여 연산한다.

(exercise) Math객체에서 제공되는 함수를 학습한 후 정규분포의 값을 나타내는 함수 $f(x;\mu,\sigma)$을 만들고 $f(0.3,0,1)$와 $f(0.5,1,2)$의 값을 출력하는 프로그램을 만들어라.

4) 배열(array)

다음과 같은 문제를 생각해보자. 친구들의 키를 순서대로 순위를 부여하거나 가장 키가 큰 친구를 알고 싶다고 하자. 이를 위해서는 친구들의 키를 넣을 공간이 필요하다. 그런 다음 친구들의 키를 순서대로 정렬하거나 가장 큰 키를 가진 친구를 찾을 필요가 있다. 그런데 우리가 아는 것은 아직 변수를 하나 만들고 여기에 값을 넣는 것뿐이다. 그런데 만약 친구가 100이거나 1000명이면 백 개나 천 개의 변수를 각각 만들어야 한다. 너무 비현실적이다. 이럴 경우 사용하는 것이 배열이다. 이것은 하나의 이름을 사용하여 그 안에 여러 개의 방을 만든 것이다. 그리고 각 방은 숫자로 참조하는 것이다. 보통 원룸이나 오피스텔에 가면 원룸이나 오피스텔 자체는 이를 참조하는 이름이 있고 그 안에서는 방을 나타내는 숫자로 각각의 방을 접근한다.

배열이 작동하는 방식이 이와 같다. 배열은 Array라고 하는 객체를 사용한다. 객체는 나중에 설명을 할 것이지만 지금은 배열을 만들 때 Array라는 명령어를 사용한다고 생각하면 된다. 예를 들어 var x= new Array(10)라고 하면 x라는 이름을 가진 공간을 만들고 그 안에 방을 10개를 만든다는 것이다. 주의할 점은 방의 이름이 1번부터 10번까지가 아니라 0번부터 9번까지이다.

그리고 new라는 새로운 명령어가 사용되었다. new라는 명령어는 객체(object)를 할당할 때 사용하는 명령어이다. 배열을 만들 때 Array라는 객체를 사용하여 명령을 실행하는 데 배열은 Array 객체를 이용하여 공간을 만들어야 함으로 new라는 명령어를 사용한다. 잘 이해가 되지 않으면 객체를 할당할 때는 new라는 명령어를 사용해서 객체를 할당해야 하고 Array는 객체라고 이해하면 된다.

다른 방법, []을 이용하여 배열을 정의할 수도 있다. 예를 들어, 빈 배열을 정의하는데 var x=[]와 같이 빈 배열로 정의할 수도 있다. 사실 var x=[]는 내부적으로는 var x = new Array()와 동일하게 작동한다. 별명처럼 사용하는 것이라고 생각하면 된다. 이렇게 빈 배열을 정의한 후 x[0]=1, x[1]=2와 같이 정의하여 새로운 공간을 만들어 사용할 수 있다.10)

다음 예제를 확인하자.

```
function  myFunction () {
var  x =[];
x [0 ]="안녕 ";
x [1 ]="철수 ";
console .log (x [0 ]+x [1 ]);
}
```

코드 4

위 코드를 실행하면 “안녕 철수”와 같은 문구가 아래에 뜨는 것을 확인할 수 있다.

위의 예제에서는 단 하나의 차원을 가진 1차원 배열을 설명하였다. 그런데 방의 차원이 한 개가 아니라 1열에 10개의 방을 가진 방을 설계할 수도 있다. n차원 배열이다. 여기서는 한 열에 2개씩의 방을 가지는 2차원 배열을 생각해보자. 무슨 말이냐면 어떤 오피스텔에는 한 층만을 사용하는 데 어떤 오피스텔에는 층마다 방이 있다. 그래서 어떤 방을 지칭하기 위해서 2층 첫 번째 방과 같이 두 개의 지칭을 사용해야 한다.

다만 자바스크립트에서는 2차원 공간을 1차원 공간을 생성하는 것과 동일한 방

10) 참고로 이렇게 변수나 배열을 할당하고 사용하는 것을 너무 당연하게 생각할 수 있겠지만 내부적으로는 수많은 처리가 일어나는 복작한 작동을 한다. 그래서 메모리를 직접 접근하여 변수를 할당하는 등의 처리를 하는 언어에서는 메모리를 할당하고 처리하는 것이 프로그램을 배우는 가장 어려운 분야이기도 했다. 다만 자바스크립트에서는 자바스크립트가 내부적으로 이러한 처리를 대신해준다. 때문에 메모리 관리를 직접 하여 극한까지 처리하는 프로그램에 비해서 효율성이 떨어질 수도 있지만 요즘은 컴퓨터의 성능이 너무 올라가서 웬만한 비전문적인 프로그램에서 이러한 차이를 느끼기는 어렵다.

법으로 만들지는 않는다. 어떤 언어에는 1, 2, ..., n차원 배열이 동일선상에서 생성된다.[11] 때문에 다른 언어를 공부한 사람이라면 약간은 익숙하지 않게 생각할 수도 있다.

그리고 일단 1차원 배열을 생성하고 생성된 1차원 배열의 방에 다시 1차원 배열을 생성하는 방식으로 2차원 배열을 만든다. 아래 예제를 확인하자.

```
1     function  myFunction () {
2     var  x = new  Array (2 );
3     x [0 ]=new  Array (2 );
4     x [1 ]=new  Array (2 );
5     x [0 ][0 ]=0 ;
6     x [0 ][1 ]=1 ;
7     x [1 ][0 ]=2 ;
8     x [1 ][1 ]=3 ;
9
10    console .log (x [0 ][0 ]+x [0 ][1 ]+x [1 ][0 ]+x [1 ][1 ]);
11
12    var  y =[[0 ,1 ], [2 ,3 ]];
13    console .log (y [0 ][0 ]+y [0 ][1 ]+y [1 ][0 ]+y [1 ][1 ]);
14    }
```
코드 5

우선 라인2에서 2개의 방을 가지는 1차원 배열을 생성하였다. 그리고 라인3, 4에서 각 방에서 다시 2개의 방을 가지는 1차원 배열을 생성하였다. 그래서 그 방에 있는 모든 값을 더하면 6이 되고 이 값이 출력되는 것을 확인할 수 있다. 이것을 다르게 정의할 수도 있는데 [ ]을 사용하여 정의하는 방법이다. 처음부터 라인 12와 같이 그 값을 배열 안에 배열을 넣는 방식으로 2차원 배열을 입력하여도 동일한 효과를 낼 수 있다. 다음 예제를 참고하자.

11) 예를 들어, Visual Basic 같은 경우는 2차원 배열을 다음과 같이 생성한다. Dim x(1 to 10, 1 to 10). 혹은 3차원 배열도 1, 2차원과 같이 생성할 수 있다.

```
var x = [ [0, 1]. [2, 3] ];
```

방일 2개인 1차원 배열이 생성되었고 각 방에서 다시 1차원 배열을 생성하여 2차원 배열을 만들었다.

5) 조건문

프로그램을 작성하다보면 어떤 특정 지점에서 어떤 조건에 따라 다른 명령을 수행하여야 할 수 있다. 예를 들어 x가 사과면 과일이라고 출력하고 x가 사과가 아니면 '맛이 없다'고 출력하는 것이다. 즉, x값에 따라서 혹은 어떤 조건에 따라서 다른 행동을 하도록 해야 할 수 있다. 이럴 경우 사용하는 것이 조건문이다. 대표적인 것으로 if문과 switch가 있다. if문은 특정 조건이 참이면 if 다음의 { }안에 있는 문장들을 실행하고 만일 그 조건이 참이 아닐 경우 else 다음에 있는 { }의 문장들을 실행한다.

```
if (조건문) {

}
else {

}
```

else { } 부분은 반드시 필요하지는 않고 조건문이 참일 경우에 실행되는 명령문만 있는 if문을 만들 수 있다. 이럴 경우 조건문이 참일 경우에는 조건문 다음의 { } 안의 명령들이 실행되고 그 다음 명령문으로 넘어간다. 즉 다음과 같은 형태이다.

```
if (조건문) {

}
```

아래의 예제를 확인하자. 먼저 x라는 변수의 방을 만들고 '철수'라는 값을 넣었다. 그리고 if문에서 x의 값이 '철수'이면 '이 사람은 철수입니다.'라는 문장을 출력하고 x의 값이 '철수'가 아니면 '이 사람은 영희입니다.'라는 문장을 출력한다. 당연히 이 코드를 실행하면 x의 값은 '철수'임으로 '이 사람은 철수입니다.'라는 문장이 출력된다.

```
function  myFunction () {
var  x ='철수';

if (x =='철수') {
  console .log ("이 사람은 철수입니다.");
}
else  {
  console .log ("이 사람은 영희입니다.");
}
}
```

코드 6

그런데 x의 값이 '철수'가 아닐 경우에 x가 영희일 수도 있지만 영희가 아닐 수도 있다. x의 값이 '영희'가 아닌 '미애'일 경우에도 '이 사람은 영희입니다.'가 출력된다고 하자. 이 경우 위에서 x의 값이 '철수'가 아닐 경우 '영희'인지 다시 한 번 확인할 필요가 있다. 말하자면 x가 조건에 맞으면 처음 괄호 { }를 실행하고 만약 아니면 다시 두 번째 조건을 확인한다. 두 번째 조건이 참이면 따라 나오는 괄호 { }를 실행하고 아니면 else 이후에 나오는 괄호 { }를 실행한다. 다음과 같은 형태이다.

```
if (조건문) {

} else if (조건문2) {
```

```
} else {

}
```

이 형태를 응용하면 else 이후에 또 다른 조건을 넣어서 if 문을 계속 확장할 수도 있다. 다음 식을 참고하자.

```
function  myFunction () {
var  x ='미애';

if (x =='철수') {
  console .log ("이 사람은 철수입니다.");
}
else  if  (x =='영희') {
  console .log ("이 사람은 영희입니다.");
} else  {
  console .log ("이 사람은 철수도 아니고 영희도 아닙니다.");
}
}
```

코드 7

위 코드를 확인하자. 먼저 x는 '미애'이다. 우선 x가 '철수'인지 확인한다. x가 철수가 아님으로 else가 실행된다. 그런데 else 부분에서 다시 if문으로 x의 값이 '영희'인지 확인한다. 역시 x가 '영희'가 아님으로 '이 사람은 철수도 아니고 영희도 아닙니다.'가 출력된다.

그런데 만약 x의 값이 '철수'이거나 '영희'인 경우 x는 '나의 친구입니다'가 출력되고 x가 '철수'이거나 '영희'가 아닌 경우 x는 '나의 친구가 아닙니다'가 출력되게 하고 싶다고 하자. 그럴 경우 위에서 배운 논리식을 사용하면 된다. 즉, if문은 조건문이 참(true)일 경우 실행되는데 (조건문1 || 조건문2)는 두 조건 중 하나라도 참이면 참이 된다. 따라서 아래와 같이 작성이 가능하다.

```
function  myFunction () {
var  x ='영희';

if (x =='철수' || x =='영희') {
    console .log ('나의 친구입니다. ');
} else  {
    console .log ('나의 친구가 아닙니다.');
}
}
```
코드 8

위의 예제에서 x는 영희이고 첫 번째 조건문은 거짓(false)이지만 두 번째 조건문은 참(true)이다. 논리식에 의해서 이 조건은 참이 된다. 따라서 바로 따라오는 명령문이 실행되어 '나의 친구입니다'가 실행된다. 조건문을 응용하면 다양한 논리 조건문을 만들 수 있다. 혹은 조건문의 괄호 안에 다시 if문을 넣어서 새로운 조건문을 만들 수 있다.

```
if (조건문) {
        if (조건문2) {


 }
}
```

위해서 두 번째 괄호는 조건문1과 조건문2기 모두 충족되어야만 실행되게 된다.

위의 반복된 if문과 else if 문을 사용하면 하나의 변수의 값에 따라 각각 다른 문장을 실행하도록 할 수 있다. 예를 들어 x의 변수의 값이 1이면 '하늘', 2이면 '땅', 3이면 '인간'이렇게 출력을 하고 1, 2, 3이 아닐 경우 한자 '無' 라고 출력한다고 하자. 이 경우 조건문은 공통적으로 사용되면서 단지 그 값이 달라짐에 따라 다른 문장을 실행하게 만드는 것이다.

```
if (x==1) {
        console.log("하늘");
} else if (x==2) {
        console.log("땅");
} else if (x==3) {
  console.log("인간");
} else {
  console.log("無");
}
```

그런데 막상 위와 같이 해보면 생각보다 불필요하게 문장이 길어지게 된다. 이럴 경우에 동일한 기능을 하는 switch 명령어를 사용하면 이를 쉽게 구현할 수 있다. switch(c)는 c의 값에 따라서 다른 명령문이 실행되는 구조이다. 아래 예제를 확인하자.

```
function  myFunction () {
var  x =2 ;

switch (x ) {
  case  1 :
    console .log ("하늘");
    break ;
  case  2 :
    console .log ('땅');
    break ;
  case  3 :
    console .log ('인간');
  default :
    console .log ("武");
}
```

```
16      }
```

코드 9

위 switch는 x의 값이 1이면 '하늘'을 2이면 '땅'을 3이면 '인간'을 표시한다. 그런데 중간에 break라는 명령어가 있다. 예를 들어 라인 4에서 x의 값을 확인한다. 우선 라인5에서 x의 값은 1이 아니니 다음 조건을 확인한다. 라인8에서 값이 2로 동일하니 라인9를 실행한다. 그래서 '땅'을 출력한다. 그런데 이제 라인10에서 break를 만났다. 만일 break는 switch문을 종료하고 이 조건의 바깥으로 나간다. 사실은 switch문뿐만 아니라 나중에 나올 for나 while 등의 조건에서 탈출할 수도 있다. 여기서는 코드가 종료한다.

만일 이 때 break가 없으면 break를 만나거나 switch문이 종료될 때 까지 계속 명령어를 실행한다. 예를 들어, x의 값이 3일 경우에 라인11부터 라인15까지 모두 실행한다. 그래서 '인간無'가 출력된다. 왜냐하면 break가 없어서 switch문이 끝날 때까지 계속 실행되기 때문이다.

그리고 만일 x의 값이 1, 2, 3이 아닐 경우에는 default 이하의 명령어가 실행된다. default는 조건문의 값이 case에 없을 경우 실행하는 명령문이다. 위 예제의 경우에는 break문이 없어도 의도한데로 switch문이 종료될 때까지 계속되기 때문에 문제가 없지만 만약 default명령어를 switch문의 최초에 사용한다면 반드시 break를 입력해야 의도한 데로 명령어가 실행될 가능성이 높다.

6) 반복문

어떤 경우에는 명령어를 계속 반복해야할 수 있다. 예를 들어, 구구단을 출력하는 프로그램을 만든다고 해보자. 그럼 1단에서부터 9단까지 반복해서 출력해야 하는데 이것을 모두 명령어로 실행한다면 무려 81개의 출력 명령어를 실행해야 한다. 이것은 너무 비효율적이다. 그래서 반복문이 필요하다.

가장 많이 사용되는 명령어는 for 명령어이다. for(초기조건; 종료조건; 변동조건)과 같은 명령어로 어떤 변수의 값을 종료조건이 만족될 때까지 반복된다. 변동조건을 통해서 이 변수값은 계속 증가 혹은 감소하면 변동하게 된다.

for(초기조건; 종료조건; 변동조건) {

}

예를 들어 for(var x=1;x<10;x++)라고 실행하면 x의 값이 1에서부터 1씩 증가하여 9일 때까지 그 다음에 오는 괄호안의 명령어들이 실행된다. 만일 2씩 증가하고 싶다면 for(var x=1;x<10;x+=2)라고 실행하면 된다. 초기조건과 종료조건은 동일하고 2씩 증가하는 것이 다르다. 혹은 9에서부터 1씩 감소하여 1이 될 때까지 실행하고 싶을 수 있다. 그럴 경우 for(var x=9;x>0,x--)와 같이 실행하면 된다. 이를 이용해서 구구단을 출력하는 예제를 만들 수 있다. 아래 예제를 보면 for문 안에서 다시 for문을 입력하였다. 실제 실행해보면 1*1=1부터 9*9=81까지 출력되는 것을 확인할 수 있다.

```
function  myFunction () {
for (var  i =1 ;i <10 ;i ++) {
  for (var  j =1 ;j <10 ;j ++) {
    console .log (i  + "*" + j  + "=" + (i *j ));
  }
}
}
```

코드 10

반복문은 다르게 사용할 수도 있다. 예를 들어 배열 x를 만들고 x안에 있는 모든 값을 반복적으로 사용하는 for문을 만들 수 있다. 이 경우 사용하는 for 문의 형식이 다르다. 이때는 for(var y of 배열명)와 같은 형태로 사용한다. 예를 들어 x=[은수, 현재, 문수]라고 할 때 모든 값을 사용하기 위해서 for(var y of x)라고 하면 y는 x의 값을 하나씩 모두 반복적으로 사용한다.

```
function myFunction () {
var x =[ "은수", "현재", "문수"];

for (var y of x ) {
  console .log (y +"는 내 친구입니다");
}
}
```

코드 11

이를 실행하면 아래와 같이 3명의 이름이 모두 출력된다.

은수는 내 친구입니다
현재는 내 친구입니다
문수는 내 친구입니다

또 다른 반복문도 있다. while(조건문)를 이용하는 방법이다. while문은 조건문 참인 한 계속 괄호안의 명령문이 실행된다. 따라서 while(true)라고 하면 이 명령문이 무한이 반복된다. 물로 이 경우 이 조건에서 탈출하기 위해서는 다시 괄호 안에 if문과 break를 포함하여 while을 탈출하도록 다시 코드를 짜야 한다.

다음과 같은 예제를 생각해보자.

```
function myFunction () {
var x =5 ;
while (x >0 ) {
  console .log (x );
  x --;
}
}
```

코드 12

우선 라인2에서 x에 5가 할당된다. 라인3에서 x의 값이 참인한 아래 {}내의 명령어가 실행된다. 현재 x의 값 5이고 x>0 조건은 참임으로 라인4와 라인5가 실행된다. 라인4에서 x의 값 5가 출력된다. 라인5에서 x의 값이 4로 변한다. 그리고 다시 라인3에서 x>0조건을 확인하고 참임으로 이를 계속한다. 그래서 x의 1이라고 하자. 그럼 라인3이 실행되고 다시 라인4와 5가 실행된다. 라인4에서 1을 출력하고 그 값이 0으로 바뀐다. 그리고 다시 라인3을 실행한다. 라인3에서 x=0>0은 거짓이기 때문에 실행이 멈추고 라인7로 이동한다. 그래서 위 코드를 실행하면 5에서부터 하나씩 줄어들어 1까지 출력된다.

참고로 for문과 while문은 사용하는 상황이 다를 경우가 많다. for문의 경우는 초기조건과 종료조건을 미리 알고 있는 경우에 사용하기가 수월할 것이다. while문의 경우는 초기 조건이나 종료조건이 불분명할 때 사용할 수 있다.

7) 예제: 가장 큰 수 찾기

이제 친구들의 키 중 가장 큰 키를 찾는다고 해보자. 즉 어떤 값의 최대값을 찾는 것이다. 사실 이러한 함수는 이미 자바스크립트에서 제공하고 있는데 Math라는 객체에서 제공하는 함수를 사용하면 된다. Math라는 객체는 필요한 수학 및 통계 함수를 이리 만들어 놓은 모음집 같은 것으로 이해하면 된다. 그래서 보통의 수학 및 통계함수들은 이미 구비되어 있다.

예를 들어, Math.max(178, 175, 185)라고 하면 최대값이 185를 되돌려준다. 마찬가지로 최소값을 구하고 싶으며 Math.min을 사용하면 된다. 그런데 어떤 특정한 경우에는 필요한 부분을 직접 만들어 사용해야 할 수도 있다. 이를 구현해보자.

어떤 배열인 변수 height에 친구들의 키를 입력한다. 첫 번째 친구의 키를 x라고 하자. 그리고 반복문을 통하여 다른 친구들의 키를 접근한 후 그 친구들의 키가 이 x보다 클 때 마다 x의 값을 그 키가 큰 친구의 키로 변경한다. 그럼 최종적으로 남아 있는 x의 값이 최대값이다. 코드를 보고 확인해보자.

```
1    function  myFunction () {
2    var  height =[175 , 173 , 190 , 185 ];
3
4    var  myMax  = height [0 ];
5
6    for (var  i =1 ;i <height .length ;i ++) {
7      if (myMax <height [i ]) {myMax =height [i ];}
8    }
9    console .log ("최대값은 "+myMax +"입니다");
10   }
```

코드 13

우선 height라는 방을 만들어서 친구들의 키를 입력한다. height 변수는 4개의 방이 만들어졌고 0번부터 3번까지의 index가 존재한다. 그러고 다시 myMax라는 변수에 첫 번째 친구의 키의 값을 입력한다. 그리고 반복문을 통하여 키의 값을 접근한다. 참고로 height.length라는 명령어가 실행되었다. height는 배열 즉 Array객체이고 length는 이 배열의 크기를 되돌려준다. 방은 4개가 있기 때문에 height.length[12]의 값은 4이다.

그런데 라인6에서 i<height.length는 i값이 3일 때까지만 참(true)이 유지됨으로 이 반복문은 변수i가 1부터 3일 때까지 3번 반복된다. 3번 반복하는 이유는 첫 번째 배열의 값은 자신과 비교할 필요가 없기 때문이다. 그런데 비교할 때마다 myMax와 키를 비교하여 키가 더 큰 경우 myMax값을 바꾼다. 예를 들어 i=1일 때 키는 173이다. 그런데 myMax의 값은 175임으로 myMax의 값이 변경되지 않는다. 다시 i=2일 때 키가 190이다. myMax의 값은 여전히 175임으로 이번에는 190이 더 크다. 따라서 myMax의 값이 190으로 변경된다. 마지막으로 i=3일 때 키가 185인데 myMax의 190보다 작음으로 myMax값이 변경되지 않는다. 마지막으로 myMax의 값을 출력하면 190이 되어 친구들의 키 중 가장 큰 최대값을 출력하였다.

그런데 문제는 친구들 중에 가장 큰 친구의 키만 알지 가장 큰 친구의 이름은

12) 사실 배열은 대괄호 [ ]를 사용하여 객체를 형성한다. 따라서 [1, 2, 3].length라고 하면 3을 출력하여 해당 배열의 개수가 3개임을 알려준다.

모른다. 이제 가장 키가 큰 친구의 키와 이름을 알고 싶다고 하자. 이는 친구의 이름이라는 정보와 키라는 정보가 함께 연동되어 있다는 것을 알 수 있다. 이를 코드에서 구현하기 위해서 여러 가지 방법이 있을 수 있는데 가장 단순하게 배열을 사용하는 방법을 생각해보자. 첫 번째 방법은 1차원 배열을 2개 사용하는 방법이다. 하나는 키를 하나는 이름을 입력한다. 또 다른 방법은 2차원 배열을 사용하는 방법이다. 첫 번째 방법은 아래 코드를 확인해보자.

```
function  myFunction () {
var  frd_name =["찬우", '민희', '철수', '영희'];
var  height =[175 , 173 , 190 , 185 ];

var  myMax  = height [0 ], who =0 ;

for (var  i =1 ;i <height .length ;i ++) {
  if (myMax <height [i ]) {
    myMax =height [i ];
    who =i ;
  }
}
console  .log  ("가장 큰 친구는 "+frd_name  [who  ]+"이고 키가
"+myMax +"cm입니다");
}
```

코드 14

우선 frd_name에 친구들의 이름을 입력하였다. 그리고 새로운 변수는 who라는 변수를 입력하여 0, 즉 배열의 첫 번째 index를 입력하였다. 그리고 중간에 키가 myMax보다 클 경우 myMax의 값을 그 때의 킷값을 입력하고 who를 그 때의 index로 갱신한다. 반복이 모두 끝나면 myMax=190이 입력되고 who에는 그 때의 index=2가 입력된다. 이제 출력을 할 때, frd_name[2]가 출력이 되는데 이는 '철수'가 된다. 따라서 최종적으로 출력되는 문장은 "가장 큰 친구는 철수이고 키가 190cm입니다"가 된다.

이 방법은 이름을 담는 새로운 변수를 만들어 키가 가장 큰 친구를 찾았다. 동일한 내용을 2차원 배열을 만들어 해결할 수도 있다. 다만 반드시 위와 같이 알고리즘을 짜야할 필요는 없으며 위는 문제를 해결하는 하나의 예시를 제공한 것에 불과하다.

다음의 코드를 확인해보자. 아래 예제에서는 hegith에 2차원 배열을 만들어서 배열의 첫 번째 열에는 이름을 두 번째 열에는 킷값을 입력하였다.

```
function myFunction () {
var height =[["찬우",175 ], ['민희',173 ], [ '철수',190 ], ['영희',185 ]];

var myMax = height [0 ][1 ], who =height [0 ][0 ];

for (var i =1 ;i <height .length ;i ++) {
  if (myMax <height [i ][1 ]) {
    myMax =height [i ][1 ];
    who =height [i ][0 ];
  }
}
console .log ("가장 큰 친구는 "+who +"이고 키가 "+myMax +"cm입니다");
}
```

코드 15

위의 예제와 다른 점은 myMax와 height[i][1]값을 비교한다는 점이다. 그리고 이때의 이름, 즉 height[i][0]의 값을 who에 입력한다. 이를 최종적으로 반복을 종료한 후 출력하면 위와 동일한 문장 '가장 큰 친구는 철수이고 키가 190cm입니다'가 됨을 확인할 수 있다. 사실 이렇게 하지 않고 객체를 이용하여 2차원 배열과 같은 효과를 만들 수 있다. 이를 위해서는 사용자 정의 함수(user defined function)와 객체(object)를 설명한 후 위 예제로 다시 돌아오겠다.

8) 사용자 정의 함수

지금까지는 이미 존재하는 객체나 함수 등의 명령어들을 나열하여 기본적인 코드를 작성하는 방법을 학습하였다. 그런데 어떤 경우에는 명령어들의 집합을 따로 모아서 반복적으로 사용해야 할 수도 있다. 혹은 자신만의 코드를 만들어서 사용해야 할 수도 있다. 예를 들어 어떤 자연수의 값이 주어지면 그 자연수의 factorial값을 돌려주는 명령어를 생각해볼 수 있다. 예를 들어 $3! = 3 \times 2 \times 1 = 6$이다. 즉, $n! = n \times (n-1) \times \cdots \times 2 \times 1$이다. 이를 코드로 작성하면 다음과 같다. 아래 예제에서는 3!을 구하는 예제이다.

```
1    function  myFunction () {
2    var  x =3 ;
3    var  value =1 ;
4
5    for (i =1 ;i <=x ;i ++) {
6      value *=i ;
7    }
8
9    console .log (x +"팩토리얼은 "+value +"입니다");
10   }
```
코드 16

x에 3을 넣고 반복문을 사용하여 value에 계속 곱해나간다. 라인6에서 value*=i는 value=value*i와 동일하다. i값은 1부터 x=3까지 반복하면서 value에 곱해지니 value는 최종적으로 3!=6의 값을 출력하게 된다. 그런데 이 경우는 오직 한 번 x의 값이 3일 때 실행되는 코드로 다른 값일 경우에는 또 다시 동일한 코드를 만들어야 한다. 내가 작성하는 이 프로그램의 다른 부분에서 이 팩토리얼 값을 되돌려 주는 함수를 만들고 싶을 수 있다. 그럼 이 부분을 따로 사용자 정의 함수로 만든다.

예를 들어 factorial이라는 이름을 가지는 함수를 만든다. 이를 위해서는 사용자 정의 함수를 만든다고 정의해야 하는데 그 때 function이라고 하는 명령어를 사용한다. 그리고 함수는 기본적으로 어떤 값을 입력하고 이 입력한 값을 이용하여 어떤 값을 되돌려 주는 기능을 한다. 예를 들어 우리가 만드는 factorial함수의 입력

값은 자연수이고 되돌려 주는 값은 factorial 값이다. 수학함수 sin(x), cos(x) 등도 모두 함수이다. x라는 입력값이 있고 그에 따른 출력값이 있다. 그 함수의 입력값(혹은 인수)은 함수명 이후에 나열해주어야 한다. 그리고 어떤 값을 되돌려 줄 때는 return이라고 하는 명령어를 사용한다. 즉 함수는 다음과 같은 형태를 지닌다. 말하자면 이 함수는 인수1, 인수2와 같은 인수를 받아서 처리를 하고 난 후 '되돌려 주는 값'을 전달하는 역할을 한다.

```
function 함수명(인수1, 인수2, ...) {
...
return 되돌려 주는 값;
}
```

다시 팩토리얼 값을 돌려주는 사용자 정의 함수의 코드를 확인하자.

```
function  myFunction () {
console .log ("5 팩토리얼은 "+factorial (5 )+"입니다");
console .log ("10 팩토리얼은 "+factorial (10 )+"입니다");
}

function  factorial (n ) {
var  value =1 ;

for (i =1 ;i <=n ;i ++) {
  value *=i ;
}
return  value ;
}
```

코드 17

위 예제에서 factorial이라는 함수를 만들었다. 이 함수는 n이라는 변수를 입력값으로 받는다. 그리고 factorial이 사용자 정의 함수라는 것을 정의하기 위해서 function 이라고 하는 명령어를 사용하였다. n을 입력값으로 받은 후 factorial값을 받은 후 return value를 통해서 이 함수를 호출한 곳에 그 결과 값을 되돌려 준다. 위 예제 라인2에서 5!의 값 120을 출력하고 라인3에서 10!의 값 3628800을 출력한다. 만약 이 부분을 함수로 만들지 않는다면 5!과 10!의 값을 구하기 위해서 코드가 각각 작성되거나 혹은 다른 방식으로 추가적인 코드가 필요하다. 그런데 위 예제에서는 factorial 함수를 정의함으로서 5!과 10!을 구하기 위해서 필요에 따라 factorial(5)와 factorial(10)을 각각 실행하기만 하면 된다.

이렇게 필요에 따라서 여러 개의 함수를 작성할 수 있다. 그런데 재미있는 것이 있다. 우리가 지금까지 다루고 있는 함수는 myFunction이라고 정의되어 있다. 이 함수는 우선 입력값이 없다. 그래서 이 함수는 아무런 입력 없이 그냥 실행될 수 있다. 또한 우리는 지금까지 return을 사용하지 않았음으로 그냥 myFunction내의 명령어들만 실행이 되었다. 즉 어떤 함수는 입력값과 return값이 없이 사용될 수 있다. 사실 이런 종류의 함수는 입력값을 받아서 어떤 값을 되돌려 주는 순수한 함수와는 성격이 다르다. 다른 언어에서는 이를 구분하기도 한다. 예를 들어 visual basic이라고 하는 언어에서는 function과 sub(routine)으로 이 두 개를 구분한다.

또 다른 참고할 만한 부분은 위의 예제에서 함수가 2개 있다는 것을 확인할 수 있다. 하나는 myFunction()이 있고, factorial(n)함수가 있다. 이 예제에서는 factorial(n) 함수는 myFunction에서 호출되었다. 그런데 myFunction은 누가 호출하였을까? 사실은 사용자가 이 코드를 실행할 때 이 함수를 실행하였다고 볼 수 있다. 그러나 이렇게 최초에 실행하는 함수는 수정할 수 있다. 위에서 디버그 옆에 보면 함수를 설정할 수 있는 리스트가 보이는 데 여기서 최초에 실행할 함수를 결정할 수 있다. 여기서 최초값으로 myFunction이 설정되어 있기 때문에 코드가 실행되면 myFunction이 실행된다.[13] 만약 이 값을 다른 함수명으로 변경하면 최초로 이 코드가 실행될 때 변경된 함수가 최초로 실행하게 된다.

---

13) 사실 이것도 재미있는 데 c언와 같은 언어에서는 최초로 실행되는 함수를 void main() 등으로 이미 정해놓았다. 그러나 GAS를 사용하는 자바스크립트에서는 이러한 함수가 정해진 것은 아니다.

9) 객체

객체를 이해하기 위해서는 관련 기본서를 읽는 것이 더 도움이 될 것이지만 여기서는 간단히 객체의 개념을 이해하고 어떻게 사용하는지에 집중하자. 위해서 키와 이름이라는 자료가 있었다. 이를 2차원 배열로 만들었는데 사실은 마치 하나의 자료구조처럼 만들어 사용할 수 있다. 말하자면 어떤 자료가 이름은 '현성'이고 키는 180이라고 하는 객체를 만들어 본다고 하자. 우선 객체는 { }를 이용하여 정의한다. 객체는 key와 이 key의 값(value)로 구성되어 있다. Key를 먼저 쓰고 세미콜론(:)을 쓰고 그 다음에 그 객체의 값을 넣는다. 그리고 키가 여러 개일 경우 콤마(,)로 구분한다.

var myobj = { name: "현성", height: 180 }

이렇게 만들면 key가 name과 height이고 그 값이 '현성'과 180인 객체를 생성한 것이다. 이 객체의 값에 접근하기 위해서는 점(.)을 사용하여 객체에 접근한다. 예를 들어, myobj.name은 myobj라는 객체의 키가 name인 키의 값을 의미한다. 즉, 현성을 의미하고 myobj.height는 키를 의미한다. 그리고 어떤 객체의 키에 접근하기 위해서 콤마를 사용하지 않고 키 이름을 문자열로 입력하여 접근할 수 있다. 예를 들어, myobj["height"]라고 하면 이것은 myobj.height와 같은 의미를 가진다.

```
function  myFunction () {
var  myobj  = {
  name : "현성",
  height : 180
};

console .log (myobj .name +":"+myobj ["height"]);
}
```

코드 18

위 예제를 실행하면 현성:180이라는 내용이 출력하는 것을 확인할 수 있다.

그런데 객체는 위에서처럼 어떤 변수만 키의 값으로 사용되는 것이 아니다. 객체는 키의 값으로서 함수도 가질 수 있다. 예를 들어 이름과 키를 출력하는 활동을 하는 함수를 이 객체에 추가해보자. 아래의 예제를 확인해보자.

print: function () {console.log("이름:"+this.name+", 키:"+this.height);}

이 예제에서 이 함수의 이름은 쓰지 않았다. 왜냐하면 키가 그 함수명의 역할을 하기 때문이다. 키의 값이 함수라는 것을 알려주고 이름과 키를 출력한다. 그런데 지금 사용되어지고 있는 객체의 이름을 접근하기 위해서 this 라고 하는 명령어를 사용했다는 것을 참고하자. this는 지금 사용되고 있는 바로 그 객체를 참조한다. 그러면 위 예제는 아래처럼 바뀔 수 있다.

```
function  myFunction () {
var  myobj  = {
  name : "현성",
  height : 180 ,
  print : function  () {
    console .log ("이름:"+this .name +", 키:"+this .height
); }
};

myobj .print ();
}
```

코드 19

위의 예제가 코드 21과 다른 점은 출력함수를 객체의 함수로 만들었다는 것이다. 이렇게 객체가 동작하도록 만들어진 함수를 메소드(method)라고 칭한다. 사실 객체를 정의하는 방법은 위 예제처럼 정의할 수도 있지만 아래와 같이 비어 있는 객체를 만들 수도 있다.

var myobj = {};
var myobj = new Object();

그런 다음 필요한 키와 값을 입력할 수도 있다.

myobj.name = “현성”;

이라고 빈 객체에서 키와 그 값을 만들 수 있으며 함수도 마찬가지로 만들 수 있다. 사실 다른 언어에서 객체를 다뤄본 경험이 있다면 매우 편리한 방법이라는 것을 알 수 있다. 또한 이렇게 만들어진 키를 제거할 수 도 있는데 이때는 delete라고 하는 명령어를 사용해야 한다.

delete myobj.name;

그런데 객체를 왜 만들까? 전처럼 필요할 경우 배열을 사용하는 등의 다른 방법을 통해서 코딩을 할 수도 있다. 그런데 어떤 경우에는 개념적으로 관계된 것은 하나의 바구니에 담아서 생각하는 것이 사용하는 사람의 입장에서는 더 편할 수도 있다. 즉, 나는 키도 사용하고 이름도 사용하고 이 키와 이름을 가지고 이런 활동을 하고 싶은데 이런 모든 것을 하나의 객체라는 바구니에 담아서 사용하면 개념적으로 더 편할 수 있다. 사실 이렇게 개념적인 차원에서는 상속이나 추상화와 같은 좀 더 복잡한 개념들이 필요해질 수 있지만 여기서는 생략한다.

위에서 친구들의 이름과 키를 입력하고 가장 키가 큰 친구가 누구인지를 확인하는 예제를 객체로 다시 만들어 사용할 수도 있다. 다음 예제30을 참고하자.

```
function  myFunction () {
var  myobj  = {
  name : [],
  height : [],
  add : function  (myname , myheight ) {
```

```
6          this .name [this .name .length ]=myname ;
7          this .height [this .height .length ]=myheight ;
8        },
9        max : function  () {
10         var  high =0 ;
11         for (var  i =1 ;i <this .name .length ;i ++) {
12           if  (this .height [high ]<this .height [i ]) {
13             high =i ;
14           };
15         }
16
17         console .log (this .name [high ]+"의 키는"+this .height [high
18   ]+"로 가장 크다.");
19       }
20     };
21
22     myobj .add ("현성",180 );
23     myobj .add ("기철",150 );
24     myobj .add ("나래",150 );
25     myobj .add ("미애",200 );
26
27     myobj .max ();
28     }
```

코드 20

우선 라인3과 라인4에서 name과 height라는 이름을 가진 빈 배열을 만든다. 그리고 데이터를 입력하는 add메소드를 추가한다. add메소드가 하는 일은 이름과 키를 인수로 받아서 name과 height라는 배열에 입력한다. 배열에 입력하기 위해서는 배열의 크기를 알아야 한다. Array객체의 크기는 length를 통해서 알 수 있다.

```
this .name [this .name .length ]=myname ;
```

위 코드를 확인하면 this.name은 이 객체의 name 배열에 접근한다. 그리고 this.name은 Array 객체임으로 length 키를 이용하여 이 배열에 몇 개의 배열값이 들어있는지를 확인한다. 처음에는 아무런 값이 들어있지 않기 때문에 this.name.length는 0의 값을 되돌려 준다. 따라서 this.name[0]에 이름을 입력하는 것이다. 라인22에서 현성의 키가 180이라는 입력할 때는 배열0에 이 값이 입력이 될 것이다. 라인23에서 기철의 키 150을 입력할 때는 이미 0번 배열에 값이 들어있기 때문에 this.name.length가 1을 가리킨다. 따라서 이때는 this.name[1]에 기철의 이름과 키를 입력한다. 이렇게 라인 22-25까지 자료를 입력하고 max()메소드를 호출하였다. max메소드에서는 가장 큰 키를 가진 친구를 high라는 변수에 입력을 하고 그 키를 가진 학생의 이름과 키를 출력한다.

10) 전역변수와 지역변수

변수의 범위(scope)라는 개념이 있다. 함수나 어떤 범위, 주로 { }로 구분이 되는 범위 내에서 정의된 변수의 지속 기간은 그 범위 내에 미친다는 개념이다. 즉 어떤 변수가 존재하는 삶(life 혹은 scope)은 그 변수가 정의된 범위에서만 인정된다. 다음과 같은 예제를 생각해보자.

dummy변수가 메인 함수 바깥과 안에서 정의 되었다. main함수 내에서 정의된 dummy는 main함수 내에서만 생존한다. main함수 외의 dummy변수와 비교하여 main함수 내에서 정의된 dummy변수는 지역변수(local variable)가 된다. main함수 밖에서 함수와 무관하게 정의된 dummy변수는 이 코딩 내내 생존함으로 전역변수(global variable)이라고 부른다. 만약 main함수 내에서 for문내에서 정의된 dummy가 있다면 이 dummy변수는 for문 안에서만 생존한다.

```
var  dummy =1 ;
function  main ()
{
  var  dummy =2 ;
  submain ();
```

```
6       console .log (dummy );
7       submain ();
8     }
9
10    function  submain ()
11    {
12      console .log (dummy );
13    }
```
코드 21

이제 위 코드를 실행하면 각각 1, 2, 1을 출력한다. 라인5가 실행되면 submain함수가 실행되는 데 dummy변수는 submain함수 내에서 정의되지 않았기 때문에 전역변수인 dummy를 참조한다. 이 전역변수인 dummy의 값은 1이기 때문에 1을 출력한다. 다시 라인6에 오면 dummy변수의 값을 출력하다. 그런데 이때는 전역변수인 dummy와 지역변수인 dummy가 충돌하는 데 이 둘이 충돌할 때는 지역변수를 우선한다. 전역변수는 전체 프로그램에서 사용되도록 정의된 것이고 지역의 dummy는 이 지역에서 사용되도록 정의된 것이기 때문에 지역변수에 우선권을 준다. 따라서 지역변수인 dummy값인 2가 출력된다. 다시 라인7에 이르면 전역변수를 참조함으로 1을 출력한다.

그런데 일반적으로 전역변수를 사용하는 것은 그렇게 장려되지는 않는다. 왜냐하면 어떤 일(task)은 작은 일로 쪼개서 접근하는 것이 효율적인데 전역변수가 많이 정의될수록 각각의 작은 일(task)이 서로 영향을 줄 수도 있고 문제가 발생할 가능성도 높아지기 때문이다. 사실은 객체가 왜 사용되는지를 생각해보면 비슷한 문제의식에서 출발했다고도 생각할 수 있다. 물론 그럼에도 어쩔 수 없는 경우가 있을 수 있지만 일반적으로 전역변수는 최소한으로 사용하는 것이 장려된다.

나. 응용 프로그램

1) 정렬

우리는 친구들의 키 중 가장 키가 큰 친구의 키를 알려주는 프로그램을 만들었다. 어떤 경우에는 친구들의 키를 순서대로 출력할 필요가 있다. 이럴 경우 키의 순서대로 표시하기 위해서 소위 정렬을 한다. 알고리즘 차원에서 정렬을 하는 방법은 버블소트, 퀵소트 등 여러 방법이 고려될 수 있지만 여기서는 가장 간단하면서 동시에 직관적인 정렬방법을 이용하여 친구들의 신장을 정렬한다.

참고로 알고리즘 차원에서 인간에게 간단한 방법이라는 말은 사실은 컴퓨터의 자원을 더 사용한다는 뜻일 가능성이 높다. 그만큼 컴퓨터의 논리체계와는 더 멀다는 의미이기 때문이다. 때문에 전반적으로 느려지는 경향이 있다. 말하자면 인간친화적인 언어일수록 느릴 가능성이 높다.[14] 알고리즘을 더 최적화시켜서 만들다 보면 코드가 늘어나는 데 그 만큼 인간의 노력이 들어가는 것이기 때문에 코드는 늘어나고 컴퓨터의 부담은 줄어들어 더 최적화되어 실행되는 경향은 있다.

그러나 우리가 사실 사회과학도로서 사용하는 방법은 알고리즘 차원에서 최적화를 하는 것이 그렇게 큰 의미는 없다. 인간 차원에서 본다면 컴퓨터의 자원을 덜 사용하는 것도 어느 정도는 중요하지만 동일한 물리적 시간이라는 자원을 덜 사용하는 것도 역시 중요한 접근법이다. 말하자면 우리나 만드는 모델이나 실험의 본질적인 부분에 더 집중하는 것이 더 효율적이다. 우리가 만들 수 있는 코드의 차이로 효율성을 높이는 정도보다는 그 노력을 본질적인 부분에 들여서 문제에 접근하는 것이 더 낫다는 뜻이다. 때문에 이 책에서 제공하는 거의 모든 예제는 효율적이지 않고 느리다. 물론 어떤 경우에는 좀 더 효율적인 코드에 대해서 고민할 수 있지만 효율적인 코드를 제공하는 것이 이 책의 본질적인 부분은 아니다.

아래와 같이 height에 친구들의 키를 입력했다고 하자.

---

14) 과거에는 소위 문제와 요구되는 결과를 정의하면 그에 대한 해결책은 스스로 정하는 소위 인공지능 프로그램 언어들이 있었다. 결과적으로는 이러한 언어는 효율성 및 최적화라는 관점에서 기계어에 밀접한 언어보다 상대적으로 느릴 수밖에 없다. 또한 이러한 인공지능 언어의 궁극적인 모습이 소위 알파고와 같은 빅데이터를 이용한 학습기계라고 할 수 있다. 그런데 알파고와 같은 프로그램은 상대적으로 많은 컴퓨터 자원을 사용하고 있다.

var height = [190, 180, 175, 160];

가장 원초적인 방법은 j번째 사람의 키를 j번째 사람이 아닌 k번째 사람과 비교한 후 j번째 사람의 키가 크면 k번째 사람과 그 값을 교환한다. 이러한 방법을 모든 사람들에게 동일하게 실행하면 정렬이 된다. 아래 그림을 참고해보자.

0	1	2	3
190	175	180	160

우선 첫 번째 (0번)의 사람의 키를 두 번째와 세 번째 사람과 비교해보자. 첫 번째 사람의 키가 두 번째 사람의 키보다 큼으로 이 둘의 값을 교환하자.

0	1	2	3
175	190	180	160

이런 식으로 3회 이를 반복해보자.

0	1	2	3
175	190	180	160

0	1	2	3
175	180	190	160

0	1	2	3
175	180	160	190

최초 정렬의 결과 가장 큰 수인 190은 가장 끝으로 가게 되었다. 그럼 이런 식으로 0부터 2번 정렬을 하면 이제 두 번째 큰 수가 두 번째 자리로 이동하게 될 것이다.

0	1	2	3
175	180	160	190

0	1	2	3
175	160	180	190

이제 마지막으로 한 번 더 정렬을 실행하면 다음과 같이 키순으로 정렬이 될 것이다.

0	1	2	3
160	175	180	190

이를 자바스크립트로 구현해보자.

```
function  myFunction () {
var  height  = [190 , 180 , 175 , 160 , 155 , 160 , 174 ];

var  dummy ;

for (var  i =height .length -1 ;i >0 ;i --) {
  for (var  j =0 ;j <i ;j ++) {
    if  (height [j ]>height [j +1 ]) {
      //교환
      dummy  = height [j +1 ];
      height [j +1 ]=height [j ];
      height [j ]=dummy ;
    }
  }
}

var  myStr ="";
for (var  i =0 ;i <height .length ;i ++) {
  myStr  += " " + height [i ];
```

```
20    }
21
22    console .log (myStr );
23    }
```
코드 22

라인6을 참고하면 뒤에서부터 앞으로 오면서 가장 큰 수를 뒤로 보내고 있다. 그 외 나머지 정렬에 대해서 이미 위해서 설명했기 때문에 참고하면 된다. 다만 라인17부터 내용은 출력을 할 때 미리 myStr이라는 변수에 출력을 한 것을 한 번에 출력한 것이다. height는 이미 정렬이 돼 있고 그 값을 하나씩 console.log를 사용하면 출력이 되지만 여러 줄에 걸쳐 출력이 된다. 이를 한 줄에 출력하기 위해서 myStr이라는 변수에 출력 값을 모두 더해서 붙였다. 그래서 코드를 실행하면 다음과 같이 한 줄에 표시된다.

155 160 160 174 175 180 190

2) 최소자승법(OLS)

최소 자승법은 사회과학에서 가장 많이 사용되는 방법이다. 독립변수 x의 값에 따라 종속변수 y의 값이 평균적으로 변하는 정도를 측정하는 방법이다. 단순 OLS의 계수를 구하는 방법은 Excel에서도 제공되는 간단한 기능이지만 이것을 자바스크립트에서 구현해보는 것은 교육적인 차원에서 의미가 있다. 보통 단순 회귀분석은 아래와 같은 식을 가정한다. 독립변수인 x가 y에 미치는 영향을 통계적으로 계산한다.

$$y_i = \alpha + \beta x_i + \epsilon_i$$

구체적인 통계적인 가정은 통계학 기본서를 참조하라. 최소자승법(OLS)은 오차항의 제곱합이 가장 최소가 되는 회귀계수를 추정하는 것이다.

$$\min_{\alpha,\ \beta}\sum_{\forall i}\epsilon_i^2 = \sum_{\forall i}(y_i - \alpha - \beta x_i)^2$$

위 식을 α와 β에 대해서 미분하면 다음 식을 얻는다. 우선 α에 대해서 미분한다.

$$\frac{\partial\left(\sum_{\forall i}\epsilon_i^2\right)}{\partial\alpha} = -\sum_{\forall i}2(y_i - \alpha - \beta x_i) = 0$$

$$\sum_{\forall i}(y_i - \alpha - \beta x_i) = 0$$

$$\sum_{\forall i}y_i - \alpha n - \beta\sum_{\forall i}x_i = 0$$

$$\alpha = \frac{1}{n}\sum_{\forall i}y_i - \frac{\beta}{n}\sum_{\forall i}x_i$$

그리고 β에 대해서 미분한다.

$$\frac{\partial\left(\sum_{\forall i}\epsilon_i^2\right)}{\partial\beta} = -\sum_{\forall i}2(y_i - \alpha - \beta x_i)x_i = 0$$

$$\sum_{\forall i}(y_i - \alpha - \beta x_i)x_i = 0$$

$$\sum_{\forall i}x_i y_i - \alpha\sum_{\forall i}x_i - \beta\sum_{\forall i}x_i^2 = 0$$

여기에 위에서 구한 α를 대체하면 다음과 같다.

$$\sum_{\forall i}x_i y_i - \alpha\sum_{\forall i}x_i - \beta\sum_{\forall i}x_i^2 = 0$$

$$\sum_{\forall i}x_i y_i - \left(\frac{1}{n}\sum_{\forall i}y_i - \frac{\beta}{n}\sum_{\forall i}x_i\right)\sum_{\forall i}x_i - \beta\sum_{\forall i}x_i^2 = 0$$

이것을 β에 대해서 다시 정리하면 다음과 같다.

$$\sum_{\forall i} x_i y_i - \frac{1}{n}\left(\sum_{\forall i} y_i\right)\left(\sum_{\forall i} x_i\right) = \beta\left(\sum_{\forall i} x_i^2 - \frac{1}{n}\left(\sum_{\forall i} x_i\right)\left(\sum_{\forall i} x_i\right)\right)$$

그런데 다음을 참고하자.

$$\begin{aligned}
\sum_{\forall i}(x_i - \bar{x})(y_i - \bar{y}) &= \sum_{\forall i}(x_i y_i - \bar{x} y_i - x_i \bar{y} + \bar{x}\bar{y}) \\
&= \sum_{\forall i} x_i y_i - \bar{x}\sum_{\forall i} y_i - \bar{y}\sum_{\forall i} x_i + n\bar{x}\bar{y} \\
&= \sum_{\forall i} x_i y_i - n\bar{x}\bar{y} - n\bar{x}\bar{y} + n\bar{x}\bar{y} \\
&= \sum_{\forall i} x_i y_i - n\bar{x}\bar{y} = \sum_{\forall i} x_i y_i - \frac{1}{n}\sum_{\forall i} x_i \sum_{\forall i} y_i
\end{aligned}$$

단, $\bar{x} = \frac{1}{n}\sum_{\forall i} x_i$와 $\bar{y} = \frac{1}{n}\sum_{\forall i} y_i$를 말한다. 또 아래를 참고하자.

$$\begin{aligned}
\sum_{\forall i}(x_i - \bar{x})^2 &= \sum_{\forall i}(x_i^2 - 2x_i\bar{x} + \bar{x}^2) \\
&= \sum_{\forall i} x_i^2 - 2\bar{x}\sum_{\forall i} x_i + n\bar{x}^2 \\
&= \sum_{\forall i} x_i^2 - n\bar{x}^2 \\
&= \sum_{\forall i} x_i^2 - \frac{1}{n}\left(\sum_{\forall i} x_i\right)^2
\end{aligned}$$

따라서 오차항의 제곱을 최소로 만드는 α와 β의 값은 아래와 같다.

$$\alpha = \bar{y} - \beta\bar{x}$$

$$\beta = \frac{\sum_{\forall i}(x_i - \bar{x})(y_i - \bar{y})}{\sum_{\forall i}(x_i - \bar{x})^2}$$

이 책에서 역시 이 통계치의 통계적 성질에 대해서는 기술하지 않는다. 이 추정값의 통계적 성질에 대해서 궁금한 독자는 기초통계학 책을 확인하기 바란다. 이제 우리는 자바스크립트를 통해서 어떤 x값과 y의 값이 주어질 때 최소자승법에 의한 α와 β의 값을 구하는 함수를 만들어보자.

```
function  myFunction () {
var  x =[1 ,3 ,4 ,6 ,7 ,3 ,4 ,9 ], y =[1 ,9 ,15 ,40 , 50 , 9 , 16
,100 ];

//bar x와 bar y를 구해보자.
var  avg_of_x  = 0 , avg_of_y =0 ;

for (var  i =0 ;i <x .length ;i ++) {
  avg_of_x +=x [i ];
  avg_of_y +=y [i ];
}

avg_of_x /=x .length ;
avg_of_y /=y .length ;

var  sum_of_xy =0 , sum_of_xsquare =0 ;
for (var  i =0 ;i <x .length ;i ++) {
  sum_of_xy +=(x [i ]-avg_of_x )*(y [i ]-avg_of_y );
  sum_of_xsquare +=(x [i ]-avg_of_x )**2 ;
}
var  beta  = sum_of_xy  / sum_of_xsquare ;
var  alpha  = avg_of_y  - beta  * avg_of_x ;
console .log ("alpha: "+alpha  + " beta: "+beta );
}
```
코드 23

위 예제는 변수 x와 y에 특정한 값을 입력한 후 최소자승법에 의해서 α와 β의 값을 표시한다. 코드에서 사용되는 기본적인 알고리즘 자체는 어렵지 않게 따라

갈 수 있다. 다만, 확인할 것이 있는 데 중간에 //라는 것을 입력하였다. 이것은 주석을 다는 것이다. 주석은 코드와는 무관하게 메모처럼 필요한 것을 코드에 표기하기 위해서 넣는 것이다. 주석을 사용하는 가장 큰 이유는 코드를 이해하기 쉽게 만들다. 본인이 만든 코드도 시간이 경과하면 그 내용을 파악하기 위해서 시간이 소요된다.

//는 보통 한 줄 정도의 주석을 입력할 때 사용한다. 반면에 여러 줄의 주석을 넣고 싶을 때는 /* */을 이용하여 여러 줄의 주석을 표시한다.

```
// 주석
/*
 주석
 ...
 */
```

다만 /* ... */의 주석을 사용하게 되면 GAS가 자동으로 *를 중간에 넣어서 미적인 모습을 만들어 준다. 즉 자동으로 아래와 같이 표현해준다.

```
/*
 * 주석
 * 주석
 * ...
 */
```

즉 /*를 입력하면 굵은 색의 *를 GAS가 만들어준다. 사실 이렇게 하는 이유는 관습적인 부분인데 예전에 c언어에서 위와 같이 주석을 달면 좀 더 긴 문장을 미(美)적으로 표현할 수 있었다. 그래서 이러한 표현을 차용해서 사용하는 것이다.

코드에서 또 주목할 부분은 제곱은 **을 이용한다는 것을 주목하라. 연산자 부분에서 설명하였지만 이 역시 Math객체를 사용해서 구할 수도 있다. 다른 언어에서는 ^를 사용하기도 해서 다른 언어에 익숙한 독자는 혼란을 일으킬 수도 있다. 실제로 이 코드를 실행하면 α값은 -26.36이 β값은 12.19가 출력되는 데 이 값은 다른 통계 패키지로 확인하면 동일한 값임을 확인할 수 있다.

- *(exercise) 10개의 임의의 숫자를 가진 배열을 만들어라. 이 숫자들의 차이가 가장 큰 값과 숫자들의 차이가 가장 작은 값을 출력하라.*

- *(exercise) 위에서 제공한 예제는 단순 회쉬분석을 코드로 구현한 것이다. 다중 회귀분석의 회귀계수의 값을 반환하는 코드를 작성하라. 당연히 다중회귀분석에 대한 이해가 필요하다.*

3) 수치 해석(Numerical Analysis)

수치 해석이란 고차원 방정식이나 어떤 문제의 수치 해를 컴퓨터 프로그램을 이용하여 푸는 것이다. 예를 들어 우리는 2차 함수의 해는 이미 근의 공식을 가지고 푸는 방법을 알고 있다. 그렇지만 3차 함수나 혹은 미지수가 수 개인 경우에는 이것의 내적해(closed solution)을 찾는 것이 쉽지 않다. 이럴 경우에 사용하는 방법이다. 물론 이러한 수치 해석의 경우 이미 많이 발전한 분야이기 때문에 뉴턴 방법이라는 가장 기본적인 방법을 이용해보자.

미분 가능한 함수 $f:[a,b]\rightarrow R$가 있다. 구간 [a,b]에서 $f(x_0)\neq 0$임의의 원소 x_0를 선택한다. 그러면 다음과 같은 점화식에 의해서 이 식의 수치해를 구한다.

$$x_{n+1} = x_x - \frac{f(x_{n-1})}{f'(x_{n-1})}$$

종료 조건은 $|x_{n+1} - x_n| \leq c$일 경우 종료할 수 있다. 수치적으로 이전 값과 이후 값의 차이가 충분히 작을 때 수치해석에 의한 해찾기를 종료한다. 물론 이 방법은 초기값이 해에 충분히 가까워야 한다는 조건이 필요하지만 간단히 수치분석을 이해하기에는 충분하다. 예를 들어, $f(x) = x^3 - 2x + 1 = 0$의 수치해를 구해보자.

우선 이 함수의 도함수는 $f'(x) = 3x^2 - 2$이다.

```
1   function  xnext (x ) {
2     return  x -(x **3 -2 *x +1 )/(3 *x **2 -2 );
3   }
4   function  main ()
5   {
6     var  oldx =2 ,newx =0 ;
7     var  cnt =0 ;
8
9     while  (Math .abs (newx -oldx )>0.00001 ) {
10      oldx =newx ;
11      newx =xnext (oldx );
12      console .log ((++cnt )+":"+newx +" f(x)="+(newx **3 -2 *newx
13  +1 ));
14      if  (cnt >1000 ) {break ;}
15    }
16  }
```

코드 24

우선 xnet(x)라는 함수는 위의 점화식을 나타낸 것에 불과하다. x_n을 oldx로 x_{n+1}을 newx로 사용한다. cnt라는 변수는 반복이 몇 번 진행되었는지를 세는 것이다. 반복이 너무 많이 반복되면(천회 이상) 강제로 실행을 중지한다. 천 회 이상 반복한 경우에도 x값이 수렴하지 않는다면 코드 자체나 혹은 주어진 식 자체가 문제가 있을 수 있기 때문이다. while문에서 oldx와 newx의 차이가 0.00001보다 클 경우 반복을 계속한다. 라인10에서 oldx에 이전의 x값이 newx를 입력하고 점화식에 넣어서 newx의 값을 얻는다. 이를 콘솔에 표시한 후 그 두 변수의 차이가 충분히 작으면 중단한다.

아래는 결과값으로 하나의 해가 0.618034이며 이 때 함수값이 1.48e-12로 0에 수렴함을 알 수 있다. 첫 번째 숫자는 반복 횟수, 두 번째 숫자는 x_{n+1}의 값, 마지막 숫자는 $f(x_{n+1})$이다.

1:0.5 f(x)=0.125
2:0.6 f(x)=0.016000000000000014
3:0.6173913043478261 f(x)=0.0005496835703131531
4:0.6180330952207308 f(x)=7.631664962204354e-7
5:0.6180339887481617 f(x)=1.4802603587327212e-12

다. 디버거 사용하기

코드를 작성하다보면 실수를 하게 된다. 간다하게는 명령어의 문법이 틀릴 수도 있고, 세미콜론이 있어야 할 자리에 세미콜론이 없어서 실수가 발생할 수도 있다. 이런 종류의 문법 에러(syntax error)는 그래도 비교적 쉽게 잡아낼 수 있다. GAS는 개발환경은 GAS코드를 저장할 때 기본적인 문법에러가 있는지를 확인하고 문법 관련 실수가 있다면 이를 바로 보고하여 수정하게 만들기 때문이다. 즉 문법에러가 있다면 저장이 안 된다. 그런데 이런 문법차원의 실수가 아닌 논리적인 실수나 초기화 실수 등은 이를 발견하고 수정하기가 생각보다 쉽지 않다. 예를 들어 초기화 실수의 경우 신경 쓰지 않으면 발생하기 쉬운데 이런 것이다.

```
var count;
count++;
```

count라는 변수를 정의하고 숫자를 증가하면 어떻게 될까? 머릿속에는 count의 값은 1이 되어야 하겠지만 1이 되지 않고 NaN을 출력한다. 왜냐하면 count가 초기화되지 않았기 때문이다. NaN은 not-a-number의 약어로 숫자가 아니라는 실수 메시지이다. 즉 숫자가 아닌 것을 1을 증가하려 하였기 때문에 발생하는 실수다. 문제는 이런 종류의 실수는 문법에러가 아니기 때문에 쉽게 발견하기도 어렵고 고

치기도 쉽지 않다. 따라서 실수를 찾기 위해서 특별한 도구가 필요한데 우리는 이것을 debug한다고 해서 디버거(debugger)라고 부른다. Debug는 말 그대로 벌레(bug)를 찾아서 퇴치하는 것인데 코딩에서 실수는 벌레(bug)처럼 논리에 구멍을 내거 오류를 만들기 때문에 이를 찾아내서 퇴치하는 과정을 말한다.

GAS에도 디버거가 존재하는 데 '실행' 단추 옆에 '디버그'가 존재한다. 그리고 디버그 옆에는 어떤 함수를 첫 번째로 실행할 것인지를 결정하는 리스트박스가 있다. 이 리스트 박스를 클릭해서 첫 번째로 실행하고 싶은 함수를 결정할 수 있다. 그리고 디버깅(debugging; 실수를 찾아내는 과정)을 하기 위해서는 중단점을 설정해야 한다. 중단점을 설정하면 디버그를 눌러서 프로그램을 실행하다가 이 중단점에 도달하면 자동으로 실행을 중지하게 된다. 이 때 프로그램을 완전히 멈추는 것이 아니라 마치 일시 정지 하여 필요에 따라서 한 스텝씩 명령을 실행하는 것이다.

중단점은 코드 옆에 나오는 숫자를 마우스로 클릭하면 되는데 숫자 왼쪽을 클릭하면 왼쪽에 보라색 작은 원이 생긴다. 만약 중단점을 설정하지 않고 디버그를 실행하면 마치 실행을 누른 것처럼 끝까지 혹은 실수가 발생할 때까지 실행돼 버린다.

```
  1  function  main ()
  2  {
  3    var  count ;
● 4    count ++;
  5    console .log (count );
  6  }
```

코드 25

이제 중단점을 설정하고 디버그를 누르면 실행되다가 이 중단점이 설정된 라인 4에서 멈춘다. 이 때 중단점이 설정된 라인 4는 모두 보라색으로 표시된다. 물론 색깔을 설정에 따라 다를 수 있다. 라인4가 실행될 때까지 count는 정의되었지만 그 값이 초기화되어 있지 않아서 값은 정의되지 않았고 자바스크립트에서는 즉 undefined된 상태이다. 이러한 정보는 화면의 오른쪽을 살펴보면 다음과 같은 그림을 확인할 수 있다.

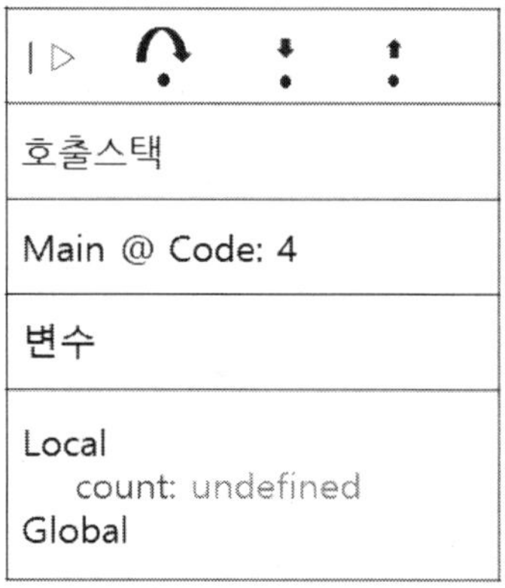

첫 번째 행에 마우스를 가져다 대면 각 기호의 이름을 확인할 수 있는 데 첫 번째 기호는 '다시 시작', 두 번째 기호부터 '스텝 오버', '스텝 인', '스탭 아웃'을 의미한다. 세 번째 행에서 main 함수의 4번째 라인에서 중단되었음을 확인할 수 있다. 변수행에서 그 값을 확인할 수 있는데 count는 정의되어 있지 않음(undefined)을 알 수 있다. 아직 라인4는 실행전이고 라인3까지 실행한 후에 중단점을 만나 멈춰있는 상태다. 라인4를 실행하기 위해서 스텝 오버, 스텝인, 스텝아웃 중 하나를 실행하면 라인4가 실행되는 것을 확인할 수 있다. 코드 창에서는 라인5로 보라색이 생기는 것을 확인할 수 있고 디버깅 창에서는 아래와 같이 count의 값이 변하는 것을 확인할 수 있다. 이렇게 디버거를 사용하면 실수를 비교적 수월하게 찾아낼 수 있다.

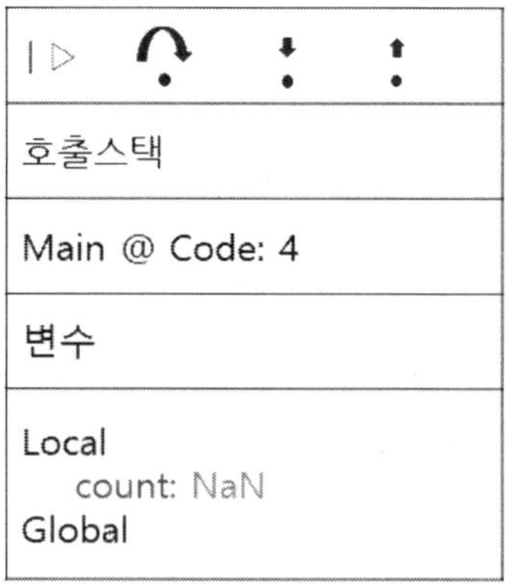

즉 숫자 1을 증가하기 위해서는 이전의 값에서 1을 증가해야 하는 데 이전에 정의되어 있지 않았기 때문에 거기서 1을 증가하려고 하는 NaN이 발생하는 것이다. 참고로 이렇게 디버깅 중에 실수를 찾아낸 경우 디버깅을 중단해야 할 수 있는데 이 때 '중지'를 누르면 디버깅이 중지된다.

그런데 스탭아웃, 스탭인, 스탭아웃는 다음과 같은 차이가 있다. 다음과 같은 예제를 생각해 보자. 먼저 number에 숫자를 배열로 만든 다음에 avg함수를 호출한다. avg함수는 배열로 입력된 숫자값의 평균을 구하는 함수이다. number의 모든 값을 sum에 더한 후 이를 숫자의 개수를 나누어 평균값을 구한다. 그런데 이 코드를 실행하면 NaN이 출력된다. 우리가 기대하는 값은 1, 3, 5, 2의 평균값인 2.75를 기대하는 데 나오는 값은 실수인 NaN이다.

```
   1  function  main ()
   2  {
   3    var  number =[1 ,3 ,5 ,2 ];
 • 4    console .log (avg (number ));
   5  }
   6
   7  function  avg (n )
   8  {
   9  var  sum ;
  10  for (i =0 ;i <n .length ;i ++) {
  11    sum +=n [i ];
  12  }
  13  return  sum /n .length ;
  14  }
```
코드 26

따라서 실수를 찾기 위해서 디버깅을 실시한다. 우선 라인4에 중단점을 설정하고 디버그를 클릭한다. 그러면 라인4에서 멈추는 것을 확인할 수 있다. 이 때 디버깅 창을 확인하면 다음과 같다.

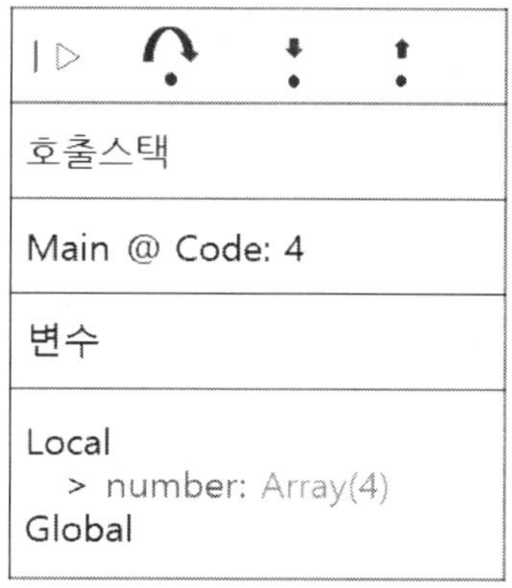

number 변수는 4개의 방을 가진 배열임을 확인할 수 있고 이 때 >표시를 클릭하면 이 배열의 값인 1, 3, 5, 2를 모두 확인할 수 있다. 그런데 여기서 스텝오버와 스텝인의 차이가 발생한다. 우선 라인4는 avg()함수를 실행한 후에 console.log를 실행한다. 이 때 스탭오버를 실행하면 avg()함수를 실행한 후 그 결과값만을 보여준다. 무슨 말이냐면 현재는 main에서 스텝을 실행하고 있는데 스탭오버를 실시하면 현재의 스텝인 main함수에서 머무르면서 avg(number)를 실행한 후 그 값을 보여준다. 아래 NaN이 출력된 것을 실행 로그에서 확인할 수 있다.

문제는 이 에러가 avg함수 내부에서 발생했다면 디버거를 avg함수까지도 추적해야 한다. 즉 현재 라인4에 있다면 지금의 스탭은 main함수에 있지만 더 하위단계인 avg 함수로 스텝을 들어가기 위해서 스탭인을 클릭한다. 스탭인을 클릭하면 avg함수로 들어가서 실수를 확인하게 된다.

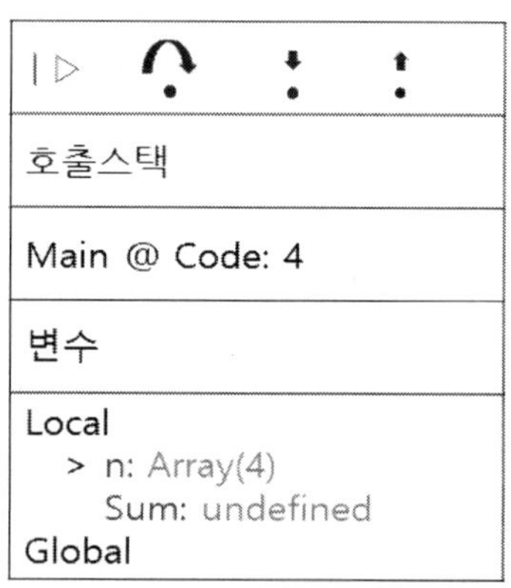

number 배열은 avg 함수가 호출될 때 n에 그 값을 넘겨주었기 때문에 n배열이 number값을 가진 것을 확인할 수 있다. 실제로 n이 제대로 값을 가지고 있는지를 확인하기 위해서 >를 클릭하면 그 값을 확인할 수 있다. 여기서 다시 스텝인을 실행하거나 스텝오버를 실행해도 그 결과는 동일한데 다시 하위함수로 들어갈 것이 없기 때문이다. 다음 스텝으로 진행해서 스텝 11, 즉 sum 변수에 n배열의 값을 더하게 되는 데 이때 디버거 창에서 sum의 값이 undefined에서 NaN으로 바뀌는 것을 확인할 수 있다. 이전과 동일한 이유인데 sum을 정의하지 않고 사용하다가 여기에 숫자값을 더하려고 하니 NaN 실수 메시지를 출력한다. 이 때 실수를 확인했기 때문에 라인9에서 sum=0으로 초기화를 시켜주고 디버거를 중단한 후 다시 이 코드를 실행하면 정상적으로 2.75가 출력되는 것을 확인할 수 있다.

마지막으로 스텝아웃은 A라는 함수에서 하위의 B라는 함수로 스텝인으로 들어왔다가 다시 A라는 함수로 돌아갈 때 스텝아웃을 사용한다. 위의 예제에서 avg함수로 들어왔다가 스텝아웃을 클릭하면 다시 라인4로 돌아오게 된다.

사실 코드를 작성하는 것보다 만들어진 코드에서 실수를 찾아내는 과정이 훨씬 더 어렵고 시간이 많이 소요된다. 특히 디버깅하는 것에 능숙하지 않다면 1시간 동안 코드를 만들고 1시간 동안 디버깅을 하게 될 수도 있다. 특히 만들어야 하는 코드량이 늘어나면 디버깅의 코드량도 기하급수적으로 늘어나 오히려 디버깅에 더 많은 시간을 쏟게 된다. 따라서 디버거를 능숙하게 다룰 필요가 있다. 다만, 디버거를 사용하지 않고 변수의 값만을 알고 싶을 때는 alert함수나 중간에 console.log를 사용하면 변수의 값을 중간에 원하는 때에 출력할 수도 있다. 그러나 가능하면 디버거의 사용에 익숙해지는 것이 장기적으로 안정적인 코드의 작성을 위해 필요하다.

04

GAS

GAS(Google Apps Script)는 구글에서 제공하는 스크립트 언어로 구글의 다양한 자원, 예를 들어 구글 문서(Docs)나 스프레드시트를 사용할 수 있다. 비슷한 개념으로 Microsoft의 Office제품에서 자동하는 VBA(Visual Basic Application)이라는 매크로 언어가 있는데 이는 Office제품군 내에서 작동하는 제한된 기능을 가진 매크로 언어인 반면 GAS는 구글의 서버 자원을 비록 한계는 있으나 사용할 수 있다는 점에서 장점이 있는 언어이다. 또한 GAS가 서버에서 작동한다는 사실은 중요한 장점을 가지는 데 마치 소규모의 개인웹서버를 돌리는 것과 같은 효과를 가진다는 점이다. 개인이 개인 웹서버를 운영하려면 물리적인 웹서버뿐만 아니라 전기 및 운영자 등 다양한 자원을 복합적으로 사용해야 하기 때문에 상당한 비용이 들 수밖에 없다. 그러나 GAS를 사용할 경우 Google이 제공하는 자원을 사용하여 마치 서버에서 작동하는 웹서버를 운영할 수 있다는 점에서 장점을 가진다. 물론 기업 차원의 대규모 서버를 운영할 경우에는 소규모 웹서버를 운영하는 것과는 완전히 다른 문제이지만 교육적 목적이나 소규모의 웹서버를 운영할 경우 GAS의 장점은 극대화된다.

가. GAS의 자원

GAS에서 사용할 수 있는 자원은 상당히 많다. Google Docs, Google Sheets나 Google Sites 뿐만 아니라 Gmail도 GAS로 제어할 수 있다. 예를 들어, Google Sites에 GAS로 웹앱(WebApp; 웹에서 작동하는 GAS)을 설치하여 특정값을 입력받은 뒤 지메일에서 자동으로 메일을 발송할 수 있다. 예를 들어, 동문회를 운영한다고 하자, 동문회 사이트를 열고나서 동문회에 참석하는 사람들의 정보를 받은 후 이를 가공하여 지메일로 발송할 수 있다. 물론 이런 기능을 이미 제공하는 서비스는 있지만 좀 더 특화된 작업을 할 수 있다는 이야기이다.

혹은 구글 설문조사를 이용하여 내용을 분석한 후 구글 시트에서 분석보고서를 작성할 수도 있다. 본래 이런 작업들은 대단위 웹서버를 만들어 전문적으로 자동화하거나 혹은 개인적인 차원에서 마이크로 소프트의 제품군에서 VBA를 이용하여 처리하고는 한다. 그런데 GAS를 사용하면 VBA에서 할 수 있는 범위를 벗어나 구글 사이트와 연동하는 등 좀 더 확장된 작업을 개인이나 소규모 그룹에서 할 수 있게 하였다.

다만, 본 책에서는 모든 GAS의 자원을 사용하는 것을 교육하는 것이 아니라 범위를 최소한도로 줄이기 위해서 필수불가결한 필요최소한의 자원만을 사용하려고 한다. 여기서는 구글 사이트에서 작동하는 방법과 구글 시트만을 사용한다. 향후에 이를 다루는 방법을 이해하기 된다면 구글 Docs나 지메일 등을 이용해서 자동으로 문서를 작성하는 등 다양한 활동으로 확장할 수 있다. 기본적으로 사용하는 방법이 개념적으로는 동일하기 때문이다. 여기서는 주로 구글 시트와 구글 사이트만을 중점적으로 다룬다. 그 이상의 내용을 알고 싶은 독자는 관련서를 참고하기를 바란다.

나. Google Sheet 다루기

1) Google Sheet

우선 구글 시트는 마이크로 소프트의 엑셀과 거의 동일한 작업을 할 수 있는 클라우드 방식의 스프레드시트이다. 엑셀과 가장 큰 차이점은 엑셀은 사용자의 컴퓨터에서 실행되지만 구글 시트는 소위 클라우드(cloud) 방식으로 구글의 서버에서 실행이 된다는 점이 다르다. 물론 마이크로 소프트도 Office365라는 패키지를 통해서 마이크로소프트가 제공하는 자원으로 서버에서 실행하는 패키지도 있지만 대부분의 사용자들은 자신의 컴퓨터에서 MS의 패키지를 실행하며 이 방식이 대부분이다.

이렇게 엑셀처럼 자신의 컴퓨터에서 실행하는 클라이언트(client) 방식 과 구글 시트처럼 서버(server) 방식에는 차이가 있다. 클라이언트 방식은 개인의 컴퓨팅 파워를 독점적으로 사용하기 때문에 요즘처럼 하드웨어가 빠르게 발전하기 시대에는 강력한 자원을 독점적으로 사용할 수 있다는 장점이 있다. 반면에 클라우드 방식으로 작동하는 방식은 강력한 서버의 자원을 사용하지만 이를 다수의 사용자가 나누어 사용함으로 개인이 사용할 수 있는 자원에 제한이 있고 따라서 클라이언트 방식보다 다룰 수 있는 데이터 명령어 혹은 작동방식 등에서 차이를 보여준다.

일단 엑셀을 사용해 봤다면 사실 구글 시트는 거의 동일한 기능을 제공한다. 구글 드라이브에 들어가서 mytest라는 이름을 가진 Google Sheets문서를 새로 만들자. 사실 구글 시트에서 GAS 코드를 만들고 실행하는 방법은 크게 2가지 있다. 먼저 이렇게 만든 구글 시트의 메뉴에서 '도구→스크립트 편집기'를 누르면 지금 시트에 연동된 구글 앱스 스크립트 편집창이 열린다. 이 때 만들어진 GAS는 구글 시트와 연동되었다. 다른 방식은 구글 시트와 연동되지 않은 독립된 GAS 코드를 만들고 여기에서 구글 시트에 접근하는 방식이다. 여기서는 첫 번째 방식을 먼저 설명하고 두 번째 방식을 나중에 설명한다.

우선 위와 같은 방식으로 스크립트 편집기를 연다. 구글 시트 역시 여러 개의 시트(sheet)로 구성되어 있으며 시트는 여러 개의 네모칸 혹은 셀로로 구성되어 있다. 이를 GAS에서 사용하기 위해서는 각각의 셀 등을 다루는 객체의 이름을 아는 것이 필요하다. 일단 시트는 그대로 sheet 객체가 사용된다. 그리고 아래의 특정 셀 혹은 셀그룹은 Range라는 객체를 이용해서 접근한다.

	A	B	C	D	...
1					
2					
3					
4					
5					
...					
시트1					

예를 들어 지금 열려 있는 구글 시트의 첫 번째 행과 첫 번째 열에 들어있는 자료를 접근하여 그 값을 추출하고 싶을 수 있다. 우선 지금 열려 있는 이 시트에 접근해야 한다. 이 때 아래와 같이 실행하면 이 때 hnd은 지금 열려있는 시트 객체를 반환한다. 사실상 이 때 반환하는 시트는 mytest에서 열려있는 시트를 말한다.

```
var hnd = SpreadsheetApp.getActiveSheet();
```

그리고 반환한 시트의 hnd에서 시트의 이름을 알고 싶다면 getSheetNanme() 메소드에 의해서 이 시트의 이름을 출력할 수 있다.

```
function myFunction () {
  var hnd = SpreadsheetApp .getActiveSheet ();
  console .log (hnd .getSheetName ());
}
```

코드 27

즉 위와 같이 처음으로 실행했다면 구글에서 "승인 필요: 이 프로젝트에서 내 데이터에 액세스하려면 내 승인이 필요합니다."라는 문장과 함께 권한 검토를 요구한다. 구글은 개인의 어떤 자원에 접근할 때 그 자원의 소유권(ownership)

혹은 허가권(permission)을 중요하게 따진다. 그래서 구글 시트가 아닌 GAS에서 특정 구글 시트라는 자원에 접근하려고 하니 최초 1회 그것의 허가권을 이 시트의 소유자에게 요구한다. 이렇게 하는 이유는 불분명한 접근을 통해서 시트가 해킹당하는 것을 막기 위함이다. "권한검토"를 누르면 해당 계정의 소유자에게 액세스를 요청한다. 이 때 지금 만든 이 코드는 구글이 승인하지 않은 개인적으로 만든 코드임으로 구글에서는 그 시트 파일의 소유자에게 이는 "Google에서 확인하지 않은 앱"이니 돌아가라고 가이드를 준다. 그러나 분명 이 코드는 개인이 만든 코드임으로 '고급'을 눌러 "Test(으)로 이동(안전하지 않음)"을 클릭하고 연이어 허용을 클릭하여 이 시트의 사용 혹은 접근 허가권을 위 코드에 준다.

물론 처음에는 이런 과정이 어색하게 생각될 수도 있다. 특히 VBA 등을 다뤄본 독자라면 허가권 개념이 이해가 안 될 수도 있다. 그런데 VBA 등에서는 거의 한 명의 개인이 모든 자료를 독점적으로 사용하기 때문에 허가권이라는 개념이 그렇게 중요하게 다루어지지는 않았다. 그렇지만 GAS에서는 지금 내가 만든 구글 Docs가 다른 편집자가 있을 수도 있고 공동 소유자가 존재할 수도 있다. 만약 A라는 사람이 만든 코드가 A와 B가 공동 소유한 시트에 접근할 때는 어떻게 해야 할까? 이럴 경우 허가권 개념이 없다면 문서의 안전보장이라는 문제에서 자유스럽지 않다. B는 동의하지 않았는데 이 문서가 B도 모르게 A가 만든 코드에 의해서 접근 및 사용될 수 있다.

사실 이 문제는 사이트 등에서 모든 사용자가 자유롭게 접근할 수 있는 GAS코드일 경우에는 좀 더 조심해서 접근해야 한다. 웹에서는 아무나 사용할 수 있기 때문에 만약 내가 만든 코드가 문제가 있다면 악의를 가진 제3자가 아무나 접근할 수 있는 코드를 이용해서 개인 정보를 해킹하거나 피해를 줄 수도 있기 때문이다. 따라서 어떤 코드가 구글 내 자원의 어디까지 접근할 수 있는지 파악하는 것과 허가권을 제대로 부여하는 것은 중요하다.

2) 구글 시트 자료에 접근하기

위 코르42를 실행하면 '시트1'이라는 시트명을 출력한다. 이제 이 시트의 1행 1열에 'Hello World!'를 출력해보자. 이전의 자바스크립트 예제에서 보통 출력을 로

그파일에 출력을 했다. 비슷한 개념인데 이번에는 출력을 구글 시트에 출력하는 것이다. 그러기 위해서 1행 1열 혹은 “A1”에 접근해야 한다. 이를 위해서는 Range 객체를 이용한다. 다음 명령어를 입력한다.

```
hnd.getRange("A1").setValue("Hello World");
```

우선 hnd 객체는 현재 열려 있는 mytest의 시트1을 참조한다. 시트1에서 “A1”셀에 접근하기 위한 메소드가 getRange를 이용하는 방법이다. gerRange함수는 셀을 의미하는 Range객체를 반환한다. 접근하고 싶은 주소 “A1”을 입력하면 주소 “A1”인 셀에 접근하고 거기에 setValue라는 메소드를 이용해서 특정 값을 입력한다. getRange는 특정 셀을 참조하는 객체를 반환하는 데 반해서 setValue는 특정 객체의 값을 설정한다. 실제 이렇게 명령어를 추가하고 실행하면 mytest시트의 시트1의 1행 1열에 “Hello World”가 입력된 것을 확인할 수 있다.

	A	B	C	D	...
1	Hello World				
2					
3					
4					
5					
...					
시트1					

이러한 객체를 통한 시트의 접근이 잘 이해가 안 될 수도 있다. 다르게 설명하면 우선 SpreadsheetApp라는 객체가 있다. 이 객체는 사실상 구글 시트와 관련된 모든 것을 다루는 최상위 객체라고 생각하면 된다. 이 객체에서 지금 열려있는 시트에 접근을 하고 나면 getActiveSheet를 통해 특정 시트 객체를 반환한다. 즉, hnd에는 지금 열려있는 시트1 객체에 참조하고 있다.

그런데 하나하나의 셀을 다루기 위해서 시트 내에 있는 그 보다 더 하위 객체에 접근해야 한다. 이 때 hnd.getRange(“A1”)을 통해서 지금 열려 있는 시트1에서

"A1" 셀을 참조하는 객체를 반환하였다. 지금 이 객체가 가리키는 것이 A1셀 (1행 1열의 셀)이다. 그리고 다시 그렇게 참조된 객체에 .setValue("Hello World");라는 메소드를 통해서 그 객체의 값을 "Hello Worlf"라고 입력했다. 예를 들어,

var x=10;

이라고 할 때 x라는 변수가 참조하는 것은 어떤 공간이다. 이 공간을 참조하는 표식이 x이고 이 방에 10이라는 값을 넣는 것과 동일하다. GAS와 무관하게 우리가 mytest라는 구글 시트를 여는 순간 구글 클라우드의 어느 물리적인 공간에 mytest라고 하는 하나의 파일이 생성되었다. 이 파일의 첫 번째 시트와 그 시트의 1행 1열에 접근한 후에 그 곳에 값을 변경한 것이다.

당연히 "A1"셀에 접근해서 값을 집어넣었으므로 그 값을 얻을 수도 있다. 이 때 사용하는 메소드가 getValue()이다. 예를 들어 코드를 실행해보자. 이미 우리는 첫 번째 1행 1열에 "Hello World"라는 값을 입력하였다. 이번에는 그 값에 더해서 "Hello World! My friend"를 추가해보도록 하자.

```
function  myFunction () {
  var  hnd  = SpreadsheetApp .getActiveSheet ();
  hnd .getRange (1 ,1 ).setValue (hnd .getRange (1 ,1 ).getValue
()+"! My friend");
}
```

코드 28

위 코드를 확인하면 우선 첫 번째로 getRange("A1") 대신에 getRange(1,1)을 사용하였다. 사실상 이 둘의 차이는 없다.[15] 문자열로 "A1"을 접근할 수도 있고 이는 1행 1열임으로 getRange(행, 열)과 같이 입력하여 1행 1열에 접근할 수 있다. 그리고 setValue안에 다시 1행 1열의 값을 접근하기 위해서 다음의 문장을 사용하였다.

15) 엄밀히 말하면 문자열로 주소를 입력하면 그 문자열을 해석해야 하기 때문에 해석하는 과정만큼 시간이 더 소요된다.

```
hnd.getRange(1,1).getValue()
```

이를 사용하면 아직 값을 변경하기 전이기 때문에 “Hello World”가 반환된다. 그리고 그 값에 더하여 “! My friend”가 추가되었다. 따라서 다시 이 코드를 실행하고 나서 문장을 실행하면 1행1열에 “Hello World! My friend”가 실행되는 것을 확인할 수 있다.

그런데 어떤 경우에는 이렇게 한 개씩 셀에 접근하여 처리하는 것이 비효율적일 수 있다. 예를 들어 천명의 주소록을 관리하는 GAS코드를 만든다고 해보자. 주소록에서 어떤 이름을 가진 사람을 접근하기 위해서 모든 코드를 접근해서 동일한 이름을 가진 사람을 찾을 수도 있지만 이럴 경우 최대 천 번의 getValue함수를 호출해야 한다. 그런데 생각보다 이렇게 객체를 이용해서 하나씩 접근하는 것이 시간이 많이 든다. 생각해보면 객체라는 것은 거기에 변수나 함수 등을 가지고 있는 개념덩어리이고 이것은 하나의 변수나 배열을 다루는 것보다 더 빠르게 접근될 수가 없다. 따라서 좀 더 무거운 객체를 이용해서 시트의 값을 하나씩 참조하는 것은 자원이 많이 들고 느릴 수 있다.

때문에 어떤 경우에는 구글 시트를 데이터베이스처럼 필요한 데이터를 한 번에 메모리로 이동하고 메모리에서 처리를 하는 것이 효율성을 높일 수 있다. 이 때 사용하는 메소드가 getValues()와 setValues()이다. 기억해야 하는 것은 구글 시트의 셀들은 사실상 매트릭스처럼 2차원으로 만들어졌다는 것을 이해하자. 그리고 다음의 예제를 참고하자.

우선 구글 시트에서 A1부터 A10까지 임의의 난수를 구글 시트가 제공하는 rand()함수를 이용하여 입력하였다. 이는 엑셀에서 하는 방법과 동일하다. 이렇게 난수를 넣는 것은 GAS와는 무관하며 구글 시트가 제공하는 방법이다.

	A	B	C	D	...
1	0.56914805				
2	0.68740912				
3	0.71792440				
4	0.65677672				
5	0.57542067				
...	=RAND()				
시트1					

이 때 이 값들을 모두 접근하여 그 값들의 평균값과 표준편차를 구하는 코드를 만들어보자. 첫 번째 방식은 getValue()를 사용하고 두 번째 방식은 getValues()를 사용하여 작성하였다. 참고로 $x_1,\cdots,x_n$와 같은 x의 값들이 주어졌을 때 평균($\overline{x}$)과 모수의 분산(s^2)은 다음과 같이 계산한다.

$$\overline{x}=\frac{1}{n}\sum_{j=1}^{n}x_j,\ s^2=\frac{1}{n}\sum_{j=1}^{n}(x_j-\overline{x})^2$$

참고로 분산은 모수의 분산과 표본의 분산이 있고 이는 약간 다른 개념이다. 모수의 분산은 모든 자료의 분산이고 표본의 분산은 모수의 일부를 표본으로 추출하여 모수의 분산을 추정하기 위한 표본의 분산이다. 엑셀 등에서도 이를 구분하여 각각 다른 함수를 제공하고 있다. 이에 대해서는 통계학 기본서를 참고하라.

```
function  myFunction () {
  var  hnd  = SpreadsheetApp .getActiveSheet ();
  var  x =[];
  var  mu =0 , sigma =0 ;

  for (i =1 ;i <11 ;i ++) {
    x [i -1 ]=hnd .getRange (i ,1 ).getValue ();
    mu +=x [i -1 ];
  }
  mu /=10 ;
  for (i =0 ;i <x .length ;i ++) {
    sigma +=(x [i ]-mu )**2 ;
  }
  sigma /=10 ;
  console .log (mu +" "+sigma );
}
```

코드 29

우선 위 코드29를 보면 라인2에서 mytest의 시트1에 접근하는 hnd을 만든다. 그리고 x값을 담기 위한 빈 배열 x를 만든다. 그런 다음 getValue를 이용하여 라인6부터 9까지 시트1에 있는 자료를 모두 접근하여 x 배열에 입력한다. 다만 주의할 점이 있는데 getRange에서는 1행 1열부터 시작하기 때문에 A1에서 A10까지 접근할 때 1행부터 10행까지 접근하여 자료를 저장한다. 그러나 배열은 0번부터 시작하기 때문에 셀 값을 배열에 입력할 때 하나씩 그 값을 줄여서 x[i-1]에 입력하였다.

그리고 평균값을 구하기 위해서 mu+=x[i-1] (mu=mu+x[i-1]과 동일)을 통하여 모든 값의 합을 먼저 구한 후 라인10에서 그 평균값을 구한다. 이후 라인11부터 라인13까지 x값에서 평균을 뺀 값의 제곱합을 구한다. 이때는 배열에서 바로 제곱합을 구하기 때문에 i가 0번부터 9번까지만 접근하여 사용한다. 즉, 배열을 0번부터 시작하고 셀은 1번부터 시작한다. 주의하길 바란다. 실제로 코드를 실행하면 평균값과 분산이 출력된다.

그런데 위해서 언급한 것처럼 이 경우 하나의 셀에 접근하기 위해서 한 번의 getRange를 호출하기 때문에 사실 좀 느린 방식이다. 물론 이 경우 수백 개 정도의 셀에 접근하는 수준은 크게 문제가 되지 않을 것 이지만 만약 수만 명의 자료에 접근하는 코드를 작성한다면 사실 그때마다 일일이 getRange를 호출하여 만들어야 하기 때문에 무척이나 느려질 가능성이 있다. 그래서 한 번에 모든 자료를 메모리로 가져와서 메모리에서 더 빠르게 작동하는 것이 좀 더 효율적일 수 있다. 즉 좀 더 느린 getRange의 사용을 줄이고 더 빠른 자원인 메모리를 사용하는 것이다.

다음 코드를 참조하자.

```
function  myFunction () {
  var  hnd  = SpreadsheetApp .getActiveSheet ();
  var  x ;
  var  mu =0 , sigma =0 ;

  x  = hnd .getRange ("A1:A10").getValues ();

  for (i =0 ;i <x .length ;i ++) {
```

```
9          mu +=x [i ][0 ];
10       }
11
12       mu /=10 ;
13       for (i =0 ;i <x .length ;i ++) {
14         sigma +=(x [i ][0 ]-mu )**2 ;
15       }
16       sigma /=10 ;
17       var  ret  = [[mu ], [sigma ]];
18
19       hnd .getRange ("B1:B2").setValues (ret );
20     }
```
코드 30

코드30은 코드29와 비슷한 듯하지만 조금 다르다. 라인 6을 보면 getRange의 사용이 하나의 셀을 참조하는 것이 아니라 getRange("A1:A10")은 A1셀부터 A10셀까지 10개의 셀을 참조하고 있는 Range객체이다. 즉 Range는 하나의 셀만 참조하는 것이 아니라 다수의 셀을 참조할 수 있다. 그리고 셀의 값을 모두 접근하기 위해서 getRanges() 메소드를 사용하였다. 이 때 반환되는 것은 현재는 참조된 10개 셀의 값 모두이다. 그런데 이 때 반환하는 값은 1차원 값으로 반환되는 것이 아니라 2차원 배열로 반환된다. 기본적으로 시트의 셀들이 2차원 배열로 이루어 있기 때문에 당연하다. 말하자면 x[0][0]이 1행1열의 값 (A1), x[1][0]이 2행 1열의 값 (A2), ..., x[9][0]이 10행1열의 값 (A10) 이렇게 2차원 배열로 입력이 된다. 그럼 라인 8에서 16까지 평균과 분산을 구하는 방법이 이해가 될 것이다.

그리고 라인 17에서 셀과 비슷한 2차원 배열을 만든다. 이 때 var ret=[mu, sigma]와 같지 만들지 않고 ret=[[mu], [sigma]]와 같이 만들었다는 것을 참조하라. 말하자면 첫 번째 행의 첫 번째 열에 평균을 2번째 행의 첫 번째 열에 분산을 입력하는 배열을 만든다. 그리고 이 값을 출력하고 싶은 셀 두 개를 getRange를 통하여 참조하고 setValues()를 이용하여 두 값을 한 번에 해당 부분에 출력한다. 이를 실행하고 나면 시트가 다음과 같이 변한다.

	A	B	C	D	...
1	0.56914805	0.53471...			
2	0.68740912	0.06408...			
3	0.71792440				
4	0.65677672				
5	0.57542067				
...					
시트1					

다시 한 번 말하자면 getValues()와 setValues()를 사용하는 것은 다수의 값을 시트에서 입출력 시 빠르게 하기 위함이다. 하나의 셀 당 각각 getValue()와 setValue()를 이용하여 작성하는 방법은 사실은 매우 느리기 때문이다.

3) 특정 열과 행의 삭제 및 삽입

다음과 같은 경우를 생각해보자. 아래 시트와 같이 특정 A칼럼에 친구들의 키값이 들어있는데 특정 셀에는 공백값이 있다. 이 공백만 있는 열을 지우고 싶다고 하자. 이 때 사용할 수 있는 메소드가 deleteRow()와 deleteRows()이다. deleteRow는 한 열을 지우는 반면 deleteRows(s, n)은 s열부터 n개의 열을 한꺼번에 삭제한다. 이 때 삭제한다는 뜻은 해당 열을 메모리에서 제거한다는 뜻이다. 해당 열은 남겨놓고 내용만 지우는 clear()하고는 다르다.

	A	B	C	D	...
1	174				
2	180				
3					
4					
5	165				
...					
시트1					

다음 예제를 참고하자.

```
1     function  myFunction () {
2       var  sh  = SpreadsheetApp .getActiveSheet ();
3
4       for (var  i =1 ;i <sh .getLastRow ();i ++) {
5         console .log (sh .getLastRow ());
6         if  (sh .getRange (i ,1 ).getValue ()=="") {
7           sh .deleteRow (i );
8           i --;
9         }
10      }
11    }
```
코드 31

우선 라인4의 for문을 보면 변수 i를 새로 만들고 1부터 sh.getLastRow()까지 i의 값을 증가하노록 되어있다. getLastRow()는 그 시트에 가장 마지막에 값이 들어 있는 열을 반환한다. 예를 들어 학생들의 키가 1, 2, 5, 10열에 들어있다고 하면 getLastRow()는 10을 되돌려 준다. 이 때 i는 1부터 9까지 반복하면서 그 셀의 값이 비었는지 ("")를 확인한다. 마지막 셀에는 값이 들어있기 때문이다.

예를 들어 i=3일 때 값이 없음으로 해당 셀을 제거한다. 그런데 그 다음에 i--라는 명령어를 실행하여 i의 값을 1만큼 줄인다. 즉 i=2가 된다. 이것은 공백이 여러 개일 경우 예를 들어 3열을 삭제하였을 때 4, 5, 6, 7열이 위로 올라오기 때문에 다시 3열 (이전의 4열)이 공백인지를 확인해야 하기 때문이다. 아래 시트 그래프를 참조하라.

	A	B	C	D	...
1	174				
2	180				
3					
4	165				
5					
...					
시트1					

따라서 다시 한 번 동일한 행에 공백이 있는지를 확인해야 한다. 그런데 그렇게 행 한 개를 삭제하면 getLastRow()를 호출할 때마다 마지막 행이 변경된다. 3행을 삭제하기 전에 마지막 행이 10이었다면 3행을 삭제하고 나서 마지막 행은 9로 변한다. 그리고 i는 --로 1이 줄어들었다가 다시 증가하여 3행을 다시 한 번 확인한다. 이 때 만약 3행이 공백이면 다시 3행을 삭제하고 3행을 다시 확인한다. 이 코드를 확인하면 공백열이 모두 삭제되는 것을 확인할 수 있다.

그런데 재미있는 부분은 구글의 기본 시트를 열면 사용할 수 있는 셀 공간이 그렇게 크지 않다. 열은 A~Z까지 26개이고 행은 1000개로 총 26,000개를 사용할 수 있다. 물론 더 필요하면 추가할 수 있지만 그럼에도 개인 컴퓨터의 자원을 사용하는 엑셀과 비교하면 매우 작다는 것을 알 수 있다. 엑셀의 경우 버전에 따라 다르겠지만 행만 1,048,576행과 16,384개로 17,179,869,184개의 셀을 다룰 수 있음으로 거의 데이터베이스처럼 사용할 수 있는 반면 구글 시트의 경우 최소한의 자료를 효율적으로 사용해야 한다.

그리고 위에서 deleteRow를 사용하게 되면 최초에 주어졌던 1000개의 행에서 삭제한 만큼 행이 줄어든다. 물론 임으로 다시 행을 추가할 수 있지만 엑셀의 경우 행을 삭제한다고 해도 다시 그만큼 아래에서 추가됨으로 동일한 행 개수를 사용할 수 있다는 점과 비교해볼 수 있다.

반대로 공백행을 추가할 수 있다. InsertRows(n)라고 하면 특정 행에 빈 행을 추가한다. 비슷하게 사용할 수 있는 메소드로 insertRowsBefore(p,n)과 insertRowsAfter(p,n)이 있다. 천자는 p행에서 그 위쪽으로 n개의 빈 행을 추가하는 것이고 후자는 p행에서 아래쪽으로 n개의 빈 행을 추가하는 것이다.

지금까지의 내용은 모두 열에도 적용된다. Row를 Column으로 변경하면 모두 열에 대해서 동일하게 적용된다. 그런데 이렇게 delete는 insert는 행과 열을 추가하거나 삭제한다. 그런데 특정 셀의 내용을 지우는 행위만 할 수도 있다. 내용을 지우는 것은 clear()를 사용한다. 예를 들어, A1부터 B10까지의 내용을 지우고 싶다면 아래와 같이 한다. 아래 예제에서 sh는 특정 시트를 참조하는 객체이다.

```
sh.getRange("A1:B10").clear();
```

혹은 시트 전체를 지우고 싶다면 시트를 참조하는 객체에서 clear()를 사용한다.

```
sh.clear();
```

4) GAS코드에서 구글 시트 접근하기

이번에는 독립적인 GAS코드에서 구글 시트에 접근하는 방법을 설명한다. 지금까지는 구글 시트를 이용하기 위해서 구글 시트에서 만든 GAS코드를 이용하였다. 즉 처음부터 GAS코드와 구글 시트가 연동되어 있는 상황이다. 그런데 상황에 따라서는 독립적인 코드 예를 들어 구글 사이트에서 작동하는 WebApp에서 구글 시트에 접근해야 할 경우도 있다. 이럴 경우 사용하는 방법이다. 우선 사용할 시트를 만든다. 우리는 이미 지난 예제에서 mytest 시트를 만들었다. 구글 드라이브에서 이 시트를 열자. 그럼 이 시트를 보통 크롬 등에서 사용하고 있을 텐데 가장 위쪽의 주소록을 보면 docs.google.com/spreadsheets/d/******/edit#gid=0과 같은 주소를 확인할 수 있다. 이때 이 시트의 고유한 id가 바로 ****에 있는 매우 긴 숫자와 문자 조합이다. 이 키를 복사(CTL+C)를 하자.

이제 독립된 파일에서 이 시트를 열고 다음과 같이 입력한다.

```
var hnd = SpreadsheetApp.openById("********");
```

****부분은 아까 복사한 시트의 키를 붙인다(CTL+V). 만약 최초로 실행하는 경우 다시 이 GAS에서 해당 시트를 접근할 수 있도록 허가권을 요구할 것이다. 이때 적절한 허가권을 주면 hnd는 위 시트를 접근할 수 있다. 사실은 이렇게 직접적인 수소를 이용하는 방법을 사용하는 것이 좀 더 정교한 코드를 작성할 때는 유용하다. 왜냐하면 getActiveSheet는 말 그대로 지금 열려있는 시트 파일을 말한다. 코드를 작성할 때는 A라는 시트를 대상으로 만들었지만 어느 경우에 A라는 시트는 닫혀있고 B라는 시트만 열려 있다면 이 코드가 잘 작동하지 않을 수도 있다. 물론 처음부터 시트에 독립적인 함수를 만든 것이라면 상관이 없지만 말이다. 그래서 위에서처럼 직접적인 방법으로 시트를 특정하여 시트를 여는 방법을 사용하기도 한다.

5) 기타

기타로 특정 셀의 형식을 바꾸거나 색깔 등을 바꾸는 것도 가능하다. 사실상 이 장에서 제공한 내용은 구글 시트의 자료에 접근하기 위한 최소한의 내용이다. 때문에 좀 더 다양한 접근 및 조정은 스스로 자료를 찾아서 확인해볼 수 있으며 경제실험을 구축하는 데 본질적인 부분은 아니기 때문에 이 책에서는 더 이상 설명하지 않는다.

- *(exercise) 구글 시트를 만들어라. 구글 시트의 A열 임으로 숫자를 입력한 후 그 숫자를 GAS 코드에서 읽어 모드(mode)값을 구하라. 참고로 mode는 가장 빈도가 높게 출현하는 값을 말한다.*

다. Google Site와 WebApp

여기서는 구글 사이트를 GAS를 이용하여 실행하는 방법을 설명한다. 구글 사이트를 GAS를 이용하여 다루기 위해서는 첫 번째 GAS로 만든 코드를 누구나 독립적으로 이용할 수 있게 만들어야 하는 데 이렇게 만들어진 GAS코드를 특별히 웹앱(WebApp)이라고 부른다. 말하자면 웹에서도 호출하여 독립적인 작업을 하도록 만들어진 GAS코드이다. 이전의 구글 시트를 다루거나 혹은 GAS만을 다루는 코드하고는 조금 다른데 이전에는 기본적으로 개인이 자신의 업무를 자동화하기 위해서 사용한다는 개념이라면 웹앱은 인터넷 등을 통하여 누구나 접근하여 사용할 수 있는 프로그램을 만든다고 생각하면 된다.

두 번째는 홈페이지를 만들 때 사용하는 html을 만드는 법을 기본적으로 이해해야 한다. Html 자체는 기본적인 명령어만 익힌다면 배우기가 어렵지 않다. 물론 html도 고급 기술을 사용하기 위해서는 많은 노력이 들지만 우리는 최소한의 연동을 위한 내용만을 학습할 것이다. 그리고 마지막으로 이렇게 만들어진 html을 웹앱과 연동하는 방법을 배워야 한다. 기본적인 html자체는 서버에 저장된 내용을 접속한 사람에게 표시하는 것에 지나지 않지만 html에 자바스크립트코드를 입력하면 사용자가 자료를 입력하거나 버튼을 클릭하는 등의 행위를 통해서 특정한 자바스크립트 코드가 실행되고 이를 통해서 서버에 있는 웹앱이 작동하게 된다. 단순한 설명으로서는 처음 접하는 경우 잘 이해가 되지 않겠지만 이를 하나씩 만들어 작성해보면 이해가 될 것이다.

우선 기본적인 HTML을 만드는 방법과 서버와 통신하기 위한 규약을 먼저 설명하고 웹앱을 만드는 방법을 설명한다. 이후 이 둘을 어떻게 연동하는 지에 대해서 설명한다.

라. HTML 언어 기초

이 책은 html언어의 역사나 탄생을 다루는 책이 아니고 이를 이용하기 위한 방법을 설명하기 때문에 주로 실용적인 필요 최소한도의 사용법을 설명한다. 이 html언어는 우리가 메일 같이 접속하는 인터넷 사이트를 만들고 규정하기 위한 언어이다. Html문서는 크게 보아 사전에 필요한 처리를 실행하는 head부분과 실제 사이트에 내용을 표시하는 등의 실행을 하는 body로 구성돼 있다. 우선 가장 표준적인 html문서의 모양은 다음과 같다. 참고로 언어의 명령문은 <명령문> ... </명령문>으로 구성되어 있다. 그리고 자바스크립트와 달리 html문은 case sensitive하지 않다. 즉 대소문자를 구분하지 않는다. 즉 <HTML>이라고 적으나 <html>이라고 적으나 결과는 동일하다.

```
<!DOCTYPE  html >
<html >
  <head >
    <base  target ="_top">
  </head >
  <body >

```

```
    </body >
</html >
```

코드 32

우선 HTML의 시작은 <!DOCTYPE html>으로 시작한다. html문서도 버전에 따라 조금씩 기능이 다른데 <!DOCTYPE html>은 작성된 html문서가 html5 버전으로 작성되었음을 웹브라우저에 알리고 있다. 이는 구버전의 html에서는 사용되지 않는 명령어나 기능 등이 사용되고 있음을 알린다. 최근의 인터넷 브라우저가 대부분 html5이상을 지원하기 때문에 이렇게 버전을 밝히는 것은 큰 무리가 없다.

그리고 이 문서의 시작은 <html>과 </html>로 이루어진다. 이것이 html문서라는 것을 알려주고 있다. 그리고 <html>과 </html> 안에는 다시 사전 전처리를 위한 <head>...</head>로 구성되어 있고 실제 내용을 입력하기 위한 <body> ... </body>로 구성되어 있다. 헤드 부분은 이 문서를 정의하거나 필요한 정보를 넣는 부분이다. 현 문제에서는 헤드부분에 <base target="_top">이 적시돼있다. 이는 향후 이 문서에서 기본적으로 링크나 폼 등이 문서의 가장 상위 프레임에서 열린다는 것을 의미한다. 이 부분은 나중에 프레임을 설명할 때 간략히 설명하겠다.

1) 기본 명령어

코드33과 같이 메모장에서 작성한 후 test.html이라고 저장하자. 저장할 때 텍스트파일이 아니라 모든 파일이라고 적어야 test.html.txt로 저장되지 않는다. 이렇게 저장된 파일을 찾아서 더블클릭하면 자동으로 크롬이나 익스플로러에서 이 파일이 열리게 되는데 아무것도 없는 빈 화면을 보여준다. 적어도 실수가 발생하지 않는다는 것은 최소한 제대로 만들어졌다는 의미이다. 여기에도 최초로 "Hello World"를 적어보자. body에 이러한 문장을 넣으면 된다. 다음과 같이 넣고 저장한 후 다시 파일을 열든지 이미 크롬 등에서 열려있다면 새로 고침(F5)을 해서 파일을 다시 연다.

```
<!DOCTYPE  html >
<html >
```

```
    <head >
      <base  target ="_top">
    </head >
    <body >
      Hello World!
    </body >
  </html >
```

코드 33

그러면 Hello, World가 표시된 것을 확인할 수 있다.

그런데 <h1></h1>부터 <h6></h6>까지의 태그를 사용하면 글자 크기를 조정할 수 있다. 작은 수가 큰 글자이고 큰 숫자가 작은 글자이다.

```
  <!DOCTYPE  html >
  <html >
    <head >
      <base  target ="_top">
```

```
    </head >
    <body >
  <h1> Hello World! </h1>
  <h2> Hello World! </h2>
  <h3> Hello World! </h3>
  <h4> Hello World! </h4>
  <h5> Hello World! </h5>
  <h6> Hello World! </h6>
    </body >
  </html >
```
코드 34

이 코드를 사용하면 큰 글자부터 작은 글자까지 계속 보이는 모습이 줄어드는 것을 확인할 수 있다.

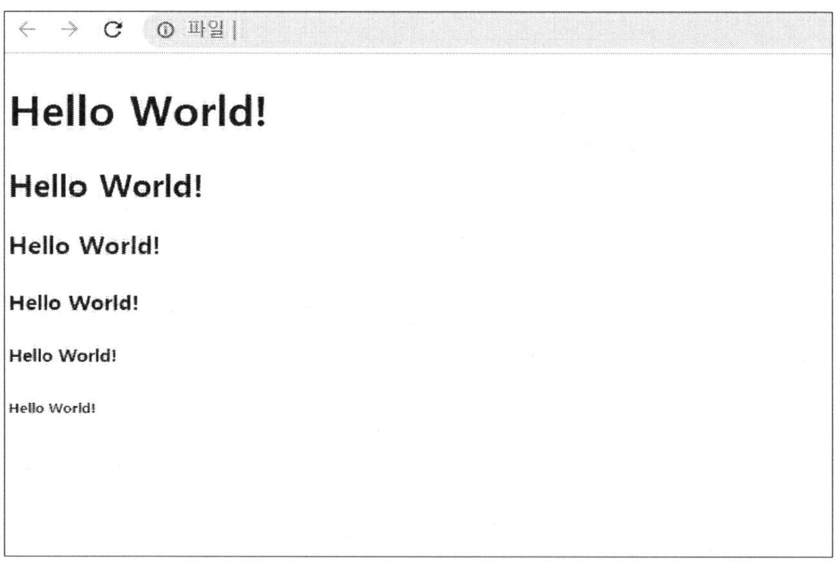

위의 예제를 보면 h1부터 h6까지 이미 정의된 글자 모양을 확인할 수 있다. h1이 가장 크고 h6가 가장 작다. 그런데 이 때 사용되는 모양은 고정된 것이 아니라 이 디자인을 변경하여 사용할 수 있다. 디자인에 관련된 부분은 소위 스타일을 변경하여 사용한다. 예를 들어 글자색을 변경하고 싶다면 다음과 같이 스타일을 이용한다.

```
<h1 style="color: cyan;">안녕, 세상아</h1>
```

이러한 스타일은 지금처럼 h1태그의 디자인을 h1을 사용하면서 적시할 수도 있지만 미리 <head>와 </head>사이에 입력할 수도 있다. 헤드 안에 스타일을 미리 적용해 놓으면 해당 html에서 특별히 스타일을 적용하지 않는 한 공통적으로 사용된다. 특정 태그 안에 스타일을 적용하면 그 해당 사용에서만 그 스타일이 적용된다.

```
<head><style>
        h1 { color: cyan; }
</style></head>
```

html5 버전 이후에는 이렇게 기능적인 부분과 디자인적인 부분을 분리하여 체계적으로 관리하고 있다. 이미 최근에는 html5 이상을 사용하는 브라우저가 대부분임으로 스타일을 사용하여 디자인을 조장하는 것이 일반적이다. h1태그의 경우에도 글자색뿐만 아니라 글자크기도 조정할 수 있으며 이 경우 font-size를 사용한다.

```
<h1 style="font-size:200%">안녕, 세상아</h1>
```

혹은 해당 문단을 정렬할 수도 있다. 이때는 align을 사용한다. 아래 예제는 문단을 오른쪽 정렬하는 데 사용한다. 정렬은 왼쪽 (left), 중앙(center), 오른쪽(right)정렬을 사용할 수 있다.

```
<h1 style="align:right">안녕, 세상아</h1>
```

독자 중에 아래아 한글을 사용한 경험이 있다면 한글의 스타일이라는 기능이 있다는 것을 알 수 있다. 예를 들어, 문단의 모양이나 글자의 모양 그리고 문단번호 등을 관련 스타일 모양으로 지정해서 편리하게 문단의 모양을 변경할 수 있다. 마찬가지로 html에서도 h1에서 h6까지 문단의 모양을 관련해서 스타일을 정해서 사용할 수 있다. 여기서 소개한 스타일뿐만 아니라 다양한 스타일을 사용할 수 있으며 이를 이용해서 문단의 모양을 미리 결정할 수 있다.

예를 들어 아래와 같은 문단 모양을 지정해서 사용할 수 있다.

```
1	<!DOCTYPE html>
2	<html>
3	  <head>
4	    <base target="_top">
5	    <style>
6	       h1 { font-size:100%;
7	      color: red;
8	      slign:red;
9	      font-family:궁서체 }
10	   </style>
11	  </head>
12	  <body>
13	<h1 style="color:blue">안녕, 세상아</h1>
14	<h1 >안녕, 세상아</h1>
15	  </body>
16	</html>
```

코드 35

위 스타일을 h1태그에 연결해서 헤드 부분에 입력하였다. 먼저 라인9에서 스타일 명령어를 구분하기 위해서 세미콜론(;)을 입력하지 않았다. 입력해도 되지만 마지막 명령어이기 때문에 넣지 않아도 마지막이라는 것을 알 수 있다. 라인13과 라인14를 비교해서 아래 화면에 표시된 것을 비교하면 흥미롭다.

라인14에서 '안녕, 세상아'라는 문장은 헤드에서 적용된 h1의 스타일을 그대로 적용했다. 붉은색이고 궁서체를 쓰며 크기도 100% 크기이다. 그런데 라인13에서는 그 중에서 나머지는 그대로 사용하고 글자색만 붉은색으로 변경하였다.

이번에는 문장을 표시한다고 하자. 문장이 단락이 구분될 필요가 있다. 이 때 <p></p>태그를 사용한다. 이를 실행하면 다음과 같은 화면을 볼 수 있다. 사실 <p>태그는 이렇게 문단을 나누는 것 보다는 다른 용도, 즉 해당 내용에 접근하기 위한 기능을 위해서 더 사용되기도 한다. 만일 html내분에서 특정 문단에 접근하자고 할 때 그 문단을 지칭하는 어떤 표식이 필요한데 이 때 <p> 태그를 사용하면 이를 해결할 수 있다. 이 내용은 다시 설명한다.

```
<!DOCTYPE  html >
<html >
  <head >
    <base  target ="_top">
  </head >
  <body >
<h3>훈민정음 언해본</h3>
```

```

    <p>
    나랏말쌈이 듕국에 달아 문짜와로 서르 사맛디 아니할 쎄 이런 전차로 어
린백성이 이르고져 홀배이셔도 마침내 제뜨들 시러펴디 못한노이 하니라.
내 이를 위하여 어여삐 여겨 새로 스믈 여덟짜랄 맹가노니 사람마다 해여 수
비니겨 날로 쓰며 뻔한케 하고져 함삵라미니라.
    </p>

    <h3>해석</h3>
    <p>
    나라의 말이 중국과 달라 서로 통하지 아니하므로 이런 까닭으로 어리석은
백성이 이르고자 하는 바가 있어도 끝내 제 뜻을 능히 펴지 못하는 사람이 많
다. 내가 이를 불쌍히 여겨 새로 스물열덟 글자를 만드니 사람마다 하여금
쉬이 익혀 날마다 씀에 편안케 하고자 할 따름이다.
    </p>
      </body >
    </html >
```
코드 36

<p>태그와 비슷한 것 중에 <div></div> 태그가 있다. 이것은 구역, 혹은 섹션을 나누는 태그이다. 어디서 어디까지는 한 구역이고 어디서 어디까지는 다른 구역을 알려주는 태그이다. 외부에 큰 변화는 없지만 내부적으로 특별한 경우에 사용할 수 있다. 예를 들어,

```
<div id="section1">여기는 제 1 구역입니다. </div>
```

위와 같이 사용한다면 <div>와 </div>로 둘러싸인 부분은 동일한 구역이고 이 구역은 “section1”이라는 아이디를 부여받았다는 의미가 된다. 혹은 여러 요소의 스타일을 한 번에 묶기 위해서 사용할 수 있다.

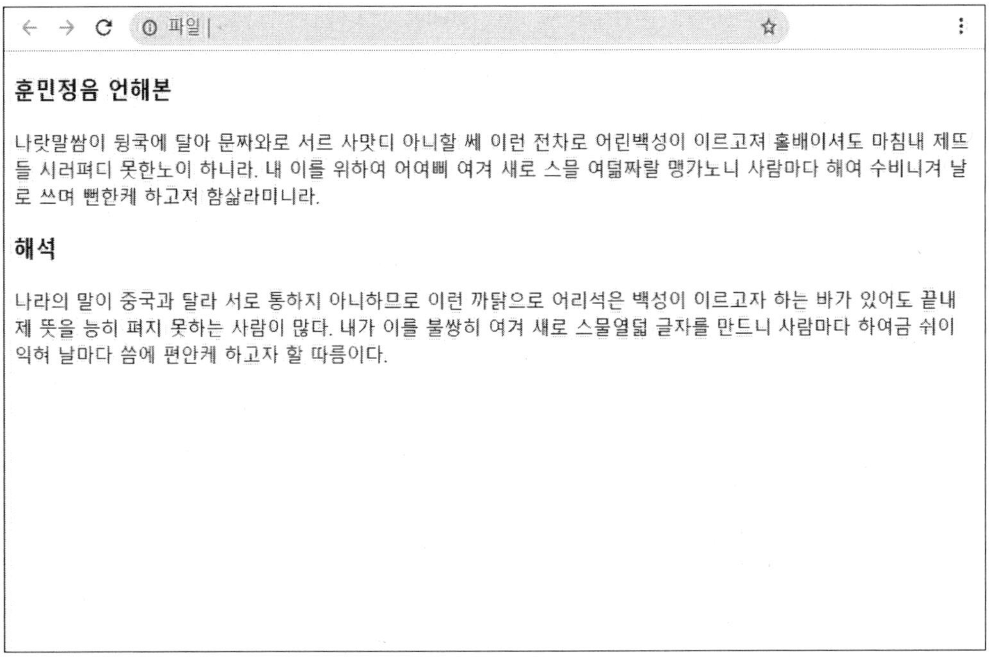

2) HTML에서 색깔을 표현하는 방법

지금까지 예제에서 색깔을 표현하려고 할 때 색깔의 이름을 직접 적었다. 예를 들어 노란색(yellow), 붉은색(red), 검정색(black)과 같이 직접 이름을 적어서 표현했다. 그런데 이렇게 몇 가지의 색깔을 직접 이름을 적어서 사용할 수 있지만 직접 색상 코드로 색깔을 만들어 사용할 수 있다.

붉은색은 예를 들어 색상코드 #ff0000로 표시할 수 있다. 색상코드는 3가지의 색깔, 붉은색(Red)과 초록색(Green), 그리고 파란색(Blue)을 섞어서 사용한다. 각각 0에서 255(16진법으로 ff)까지 진하게 섞어서 색을 조합하여 만든다. 즉, #ff0000은 처음부터 차례대로 붉은색 100%(ff)와 초록색과 파란색 0%를 섞는 조합이다. 따라서 이 색깔은 붉은색을 의미한다.

$$\# \overbrace{\text{ff}}^{\text{Red}} \overbrace{\text{00}}^{\text{Green}} \overbrace{\text{00}}^{\text{Blue}} \Rightarrow \text{Red}$$

예를 들어, 흰색을 만들고 싶으면 모든 색깔을 같은 비율로 섞는다. 참고로 빛은 더 많이 섞을수록 밝아진다. 여기서도 동일하다. 모니터에 나오는 빛을 섞는 것이기 때문이다. 즉, #ffffff는 흰색이 된다. 중간정도 밝기의 회색은 #e0e0e0이 된다.

또 다른 방법은 16진법에 익숙하지 않은 사람을 위해서 rbg함수가 위 색상코드를 대신 만들어 주며 이를 이용하는 것이다. 위에서 색상코드는 0에서 255까지 256단계로 색을 표현할 수 있는데 rbg(r,g,b)라는 함수는 10진수로 r, g, b에 숫자를 넣어서 위의 색상코드를 생성한다. 위에서 중간정도의 밝기는 16진법으로 e0는 10진법으로 140임으로 아래와 같이 rbg(140,140,140)으로 표현할 수 있다.

3) 하이퍼링크 연결하기

html에서는 다른 웹페이지나 사이트로 연결되는 링크를 만들 수 있다. 아래와 같은 a태그를 사용하면 된다.

<a href="링크주소">표시될 내용 </a>

예를 들어 네이버에 연결하기 위해서는 <a href="www.naver.com">네이버</a>라고 코드를 입력하면 된다.

a태그에는 target 속성이 있는데 이를 통해서 링크로 연결된 파일이 열리는 곳을 지정할 수 있다. 예를 들어 target="_blank"라고 하면 새 창에서 링크를 열게 되며, target="_top"은 현재 프레임의 가장 상위 프레임에서 해당 링크를 열게 된다. 혹은 특정 프레임을 직접 지정하여 문서를 열 수 있다. 프레임이란 html 문서 내에 다른 html 문서를 열 수 있도록 만든 임의의 공간이다. 예를 들어 메인 문서의 한 부분에 window1이라는 프레임을 만들고 어떤 html 문서를 열도록 설계할 수 있다. 프레임에 대한 좀 더 자세한 부분은 다음에 설명하는 것을 참조하거나 관련 문서를 참조하기를 바란다.

4) 이미지 넣기

html문서에 이미지를 넣는 것은 매우 간단하다. img태그를 사용한다. 아래 예제를 참고하면 된다.

<img src="이미지 주소" alt="대체 텍스트" style="width:600px; height:300px">

같이 이미지를 html 문서 내에 보여줄 수 있다. src에는 보여줄 이미지 문서의 주소를 입력한다. 문제는 이게 좀 까다로운데 기술적으로는 이미 다른 사이트에 존재하는 것을 이용할 수도 있지만 보통 저작권이 문제가 될 것이다. 그럼 자신이 저작권이 있는 그림에 링크를 걸어야 하는 데 이 말은 이미 이 이미지 파일이 웹서버의 어딘가에 존재해야 한다는 뜻이다. 현실적으로 GAS를 사용한다면 구글 드라이브를 사용해서 이 파일에 접근할 수 있다. 이렇게 접근한 경우 링크를 걸어 이 이미지 파일을 볼 수 있다. alt에는 만일 어떤 이유로 이미지가 열리지 않을 경우 대체해서 보여줄 텍스트 내용을 입력한다. 그리고 스타일을 이용하여 이미지 문서의 크기를 지정할 수 있다.

5) 리스트

리스트는 여러 요소를 나열하는 목록을 만드는데 사용한다. 리스트는 크게 보면 3가지로 사용되는 데 순서가 있는 리스트, 순서가 없는 리스트, 그리고 제목이 있는 리스트로 구분할 수 있다.

순서가 없는 리스트는 ul(unordered list) 태그를 사용한다. 그리고 리스트 내에서는 li(list) 태그를 사용하여 내용을 표시한다.

```
<ul>
        <li> 사과 </li>
        <li> 배 </li>
        <li>바나나</li>
</ul>
```

위와 같은 코드로 리스트를 html에서 표시할 수 있다. 물론 여기에도 스타일을 지정할 수 있는데 표시되는 마커의 모양을 list-style-type을 이용해서 수정할 수 있다.

```
<ul style="list-style-type:circle">
```

위와 같이 사용하면 리스트의 마커를 작은 원모양으로 수정할 수 있다. 순서가 있는 리스트는 ol(ordered list) 태그를 사용한다.

```
<ol>
        <li> 사과 </li>
        <li> 배 </li>
        <li>바나나</li>
</ol>
```

이 때 순서가 있는 리스트에서 변경되는 숫자의 모양을 변경할 수 있다. 역시 list-style-type을 변경하면 되는데 decimal는 10진 숫자를 보여주면 로마자 숫자 대문자는 upper-roman으로 로마자 숫자 소문자는 lower-roman으로 표시한다. 또한 최초 시작이 되는 숫자를 변경할 수도 있다. start="3"라고 입력하면 3부터 시작한다. 또한 li태그에서 value의 값을 지정하면 그 리스트 아이템의 숫자는 해당 value값으로 보임을 알 수 있다.

```
<ol style="list-style-type: lower-roman" start="5">
        <li>사과</li>
        <li value="10">배</li>
        <li>바나나</li>
</ol>
```

정의 목록은 dl(definition list)로 사용하고 그 안에서 용어는 dt로 내용은 dd로 만듭니다.

```
<dl>
        <dt>삼각형</dt>
        <dd>내각의 합이 180인 도형</dd>
        <dt>원</dt>
        <dd>중심에서 거리가 동일한 점들의 집합</dd>
</dl>
```

리스트 내에 다시 리스트를 넣어서 계층을 만들 수 있다.

```
<ol style="list-style-type: lower-roman" start="5">
        <li>사과</li>
        <li value="10">배</li>
                <ul style="list-style-type: kannada">
                        <li>비행기</li>
```

```
                <li>배</li>
            </ul>
    <li>바나나</li>
</ol>
```

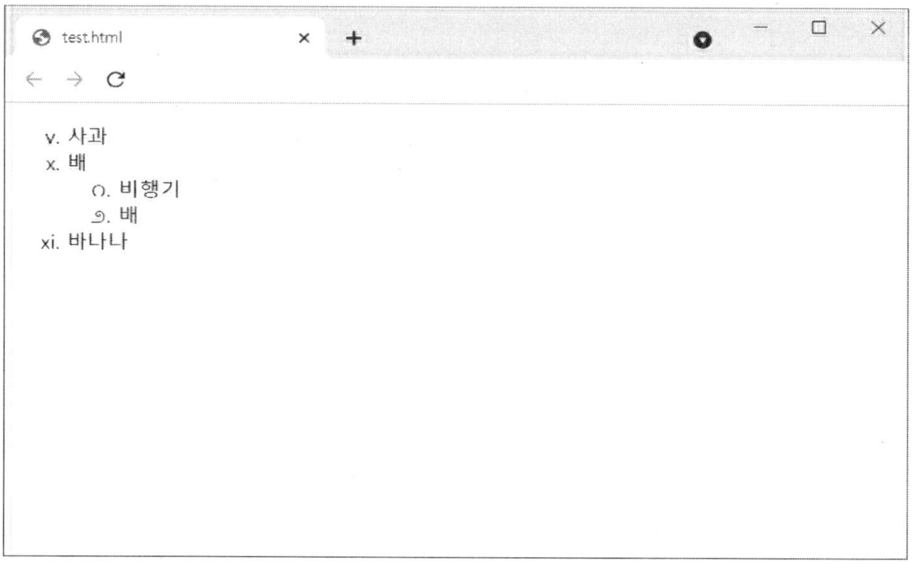

6) 테이블 만들기

웹에 어떤 내용을 표시하기 위해서 테이블 형식을 사용할 필요가 있을 수도 있다. 일단 테이블은 <table></table> 태그를 사용한다. 이 테이블에는 행과 열을 가지는 데 행은 <tr></tr>으로 만들고 그 행내에 하나의 열은 <td></td>을 이용해서 만든다. 그리고 하나의 행에서 <td>대신에 <th>를 사용할 수도 있는데 보통 첫 번째 행은 열의 제목을 입력하는데 바로 그 제목을 입력하는데 사용하는 태그이다. <tr>은 table row, <td>는 table data, 그리고 <th>는 table head의 약어이다. 친구들의 이름과 키를 나타내는 테이블을 만들어보자.

```
<table style="border:1px solid black;">
    <tr><th style="border:1px solid black;">이름</th><th>키</th></tr>
```

```
        <tr><td style="border:1px solid black;">현수</td><td>180</td></tr>
        <tr><td>민아</td><td style="border:1px solid black;">165</td></tr>
        <tr><td>철수</td><td>175</td></tr>
        <tr><td>은주</td><td>160</td></tr>
    </table>
```

위와 같은 코드를 body부분에 추가하고 실행해보자. 그럼 다음과 같은 화면을 볼 수 있다. 각 이름 열과 키 열에 이름과 키가 보이는 것을 확인할 수 있다. <th>에 의해서 둘러싸인 부분은 열의 제목을 표시하기 때문에 굵게 표시되는 것을 확인할 수 있다. 다만, 선이 표시되지 않아서 이것이 테이블인지 확인하기 어렵다. 스타일을 따로 지정하지 않으면 선이 보이지 않는다. 이렇게 테이블의 경계선을 보이게 하는 방법은 border="1"이라고 옵션을 넣어도 되지만 디자인에 대한 명령어는 스타일에 모아서 반영하는 추세이기 때문에 스타일을 이용하여 선을 표시하였다.

다만, 테이블에 1포인트 검정색 선을 스타일에 넣으니 테이블 전체를 둘러싸는 선을 그렸다. th태그와 td태그에 스타일을 넣으니 해당 열만을 둘러싸는 경계선을 그리는 것을 알 수 있다.

만약 모든 테이블과 th와 td 태그에 경계선을 넣고 싶다면 이러한 스타일을 헤드에 넣어주면 된다.

```
<style>
        table, th, td {
                border: 1pm solid black;
}
</style>
```

colspan을 사용하면 하나의 칼럼의 길이를 확장할 수 있다. 예를 들어 colspan="2"를 <th>나 <tr>에 추가하면 해당 행에서 해당 열이 2개의 열을 점유하게 만든다. 따라서 아래의 코드를 body에 추가하면 하나의 열을 가진 새로운 행이 추가된다.

```
<table>
        <tr><th colspan="2">친구들</th></tr>
        <tr><th>이름</th><th>키</th></tr>
        <tr><td>현수</td><td>180</td></tr>
        <tr><td>민아</td><td>165</td></tr>
        <tr><td>철수</td><td>175</td></tr>
        <tr><td>은주</td><td>160</td></tr>
</table>
```

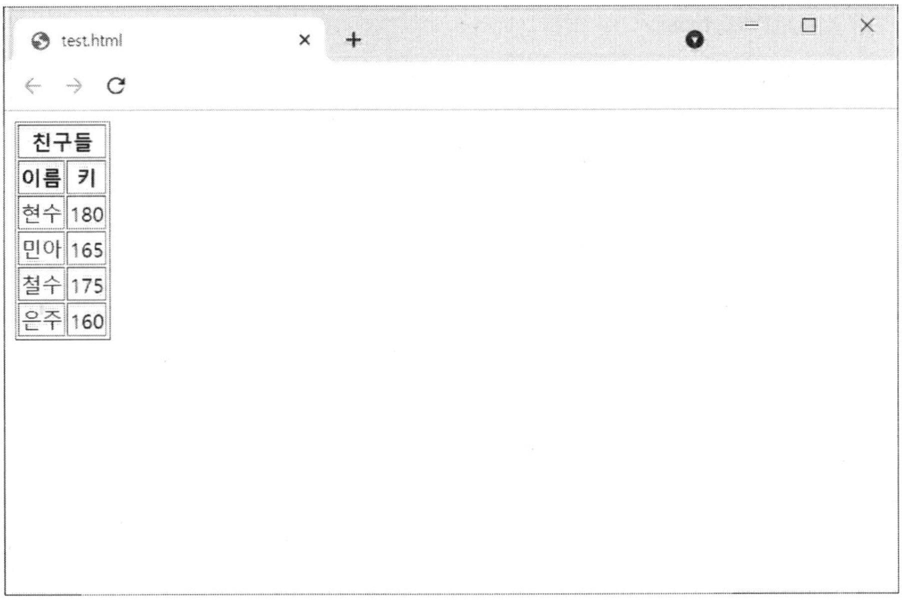

마찬가지로 rowspan을 사용하면 특정 행이 다른 행과 병합된 테이블을 만들 수 있다. 다른 기능도 있는 데 핵심적인 것을 나열하면 다음과 같다. width나 height는 특정 행이나 열의 높이와 넓이를 설정할 수 있다. 설정은 픽셀수 예를 들어 width=50px라고 하거나 %로 할 수 있다. 예를 들어, width=100%. 셀과 경계선 사이의 여백을 나타나는 cellpadding, 셀과 셀 사이의 여백을 조정하는 cellspacing이 있다. 수평 정렬은 align을 사용하여 조정하는 데 align="left"는 왼쪽 정렬, align="right" 우측정렬, align="center"는 중앙정렬을 나타낸다. 수평정렬로 가능한데 valign을 사용한다.

bgcolor는 테이블의 백그라운드 색깔을 지정한다. 참고로 테이블은 백그라운드 색깔이 아니라 테이블 선 색깔은 bordercolor를 사용한다. 종합적인 아래 예제를 확인하자.

```
<!DOCTYPE html>
<html>
  <head>
       <style>
                table, th, td {
                         border: 1px solid black;
                         border-collapse: collapse;
                         padding: 10px;
                }
       </style>

  </head>
  <body>
<table style="width:100%">
       <caption>샘플</caption>
       <tr><th colspan="2" >친구들</th></tr>
       <tr style="background-color: yellow"><th
>이름</th><th>키</th></tr>
       <tr><td >현수</td><td>180</td></tr>
       <tr><td style="color: red">민아</td><td
>165</td></tr>
       <tr><td>철수</td><td>175</td></tr>
       <tr><td>은주</td><td>160</td></tr>
</table>
</body>
</html>
```
코드 37

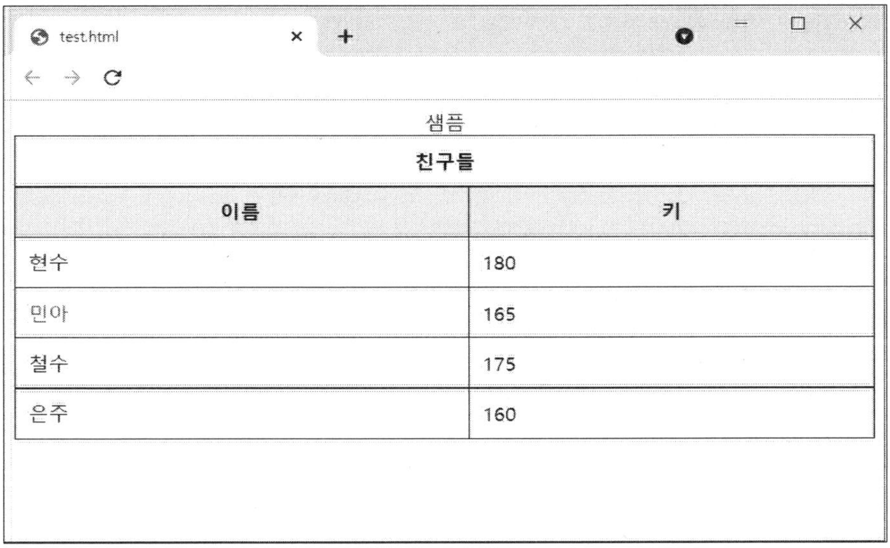

샘플

친구들	
이름	키
현수	180
민아	165
철수	175
은주	160

헤드에 있는 스타일에서 이 테이블의 기본적인 디자인을 설정하였다. border-collapse는 table과 th 등에서 모두 선을 그리게 되면 선의 모양이 두 줄이 발생하게 된다. 이렇게 경계선이 두 개가 발생할 경우 이러한 경계선을 모두 붕괴시켜 하나로 만든다는 뜻이다. 그리고 padding은 경계선과 내용 사이에 일정 정도의 공간을 만든다는 뜻이다. 또한 caption을 사용하면 테이블의 제목을 표시할 수 있다. 스타일에서 background-color를 설정하면 해당 셀의 배경 색을 변경할 수 있다.

마. HTML의 입력과 서버와의 통신

지금까지는 일방적으로 html에 있는 내용을 웹브라우저를 통해서 화면에 뿌리는 작업을 하였다. 물론 이전에서 모든 html의 명령어를 다루지는 못했지만 가장 기본적인 사용법에 대한 이해를 했다고 생각한다. 그런데 우리가 인터넷에서는 보이는 내용을 일방적으로 보기만 하는 것이 아니라 특정한 입력값을 서버에 전달하기도 한다. 이를 위해서 사용되는 것이 input태그이다. 예를 들어서 특정 버튼을 만들기 위해서 아래와 같은 코드를 사용한다.

<input type="button" value="제출">

혹은 문자열 입력을 받기 위해서 아래와 같이 사용한다.

<input type="text" style="width:50%">

이를 실행하면 아래와 같은 화면을 볼 수 있다. 아래에서 제출 버튼을 눌러도 아무런 작동을 하지 않는다. 지금은 단순히 모양만 표시하고 어떤 동작을 할 것인지를 지정하지 않았기 때문이다.

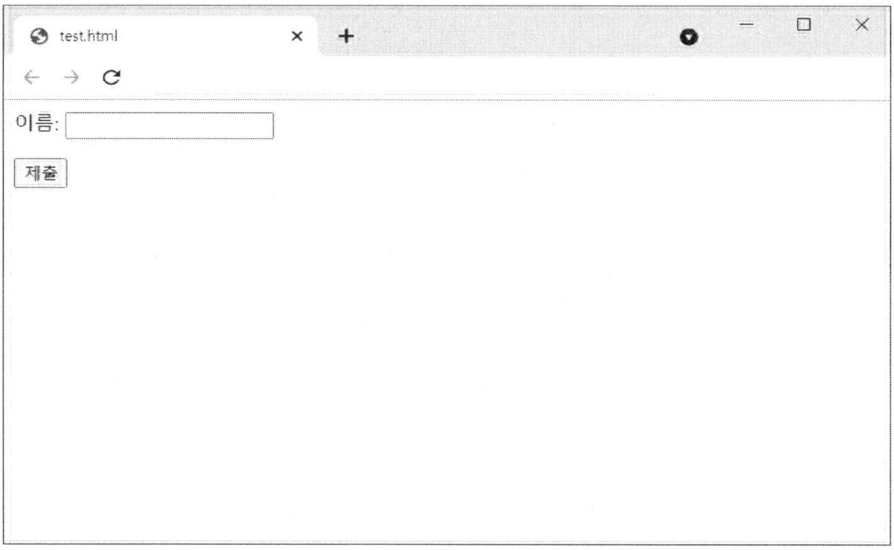

참고로 전통적인 방식으로 위와 같이 자료를 입력하여 이렇게 입력된 값을 서버로 넘기기 위해서는 form 태그를 사용해야 한다. form 태그를 사용하면 값을 넘기는 방식에 따라 GET 혹은 POST라는 방식을 공부하여 값을 넘겨야 한다. 이런 방식은 매우 표준적이지만 이 책에서는 자세히 다루지 않는다. 왜냐하면 GAS가 html와 통신하는 방법은 조금 다르게 통신을 하기 때문이며 GAS의 방식이 좀 더 편리하기 때문에 이 방법을 주로 설명할 것이다. 따라서 전통적인 GET이나 POST 방식을 이용한 서버와의 통신에 관심 있는 독자는 해당 관련서를 읽기를 바란다.

1) Client에서의 자바스크립트

위의 버튼은 이것을 눌러도 아무런 동작을 하지 않는다. 왜냐하면 이 버튼이 눌렀을 때 어떻게 하라는 명령이 기술되어 있지 않기 때문이다. 예를 들어 다음과 같이 입력하자.

```
<input type="button" value="제출" onclick="alert('안녕하세요');">
```

위와 같이 onclick이라는 부분을 추가하자. 이 html를 읽어도 외관상에서는 차이를 보이지 않는다. 그러나 이제 버튼을 클릭하면 다음과 같은 화면을 볼 수 있다.

이제는 안녕하세요라는 내용을 표시한다. 이 때 onclick은 만약 이 버튼이 클릭하면 " "안의 내용을 실행하라는 뜻이다. "alert('안녕하세요')"라고 적혀있는데 alert라는 함수를 호출한 것이다. 즉, 이 버튼이 클릭하면 alert하는 함수를 호출하라는 것이다. 사실 이 부분은 클라이언트의 웹브라우저에서 자바스크립트를 실행한 것이다. alert라는 내장함수가 있는데 이 함수는 ()안의 내용을 알려주는 역할을 한다. 즉 웹브라우저에 내장된 자바스크립트를 실행함으로서 '안녕하세요'를 표시하였다.

이것은 GAS을 통해서 구글 서버에서 실행하는 자바스크립트가 아니라 이 html을 이용하는 클라이언트 컴퓨터의 웹브라우저에서 동작하는 자바스크립트이다. 이 클라이언트 자바스크립트는 GAS와는 무관하게 사용자의 편의를 위해 html 내부에서 작동하면서 존재하는 스크립트 언어이고 서버에서 동작하는 GAS는 이 언어를 차용해서 구글의 서버에서 작동하는 스크립트 언어이다. 즉 언어의 모습은 동일하지만 기본적으로는 다른 환경에서 작동하는 언어이다.

조금 재미있는 예제를 만들어보자. 이번 예제는 위에서 버튼을 누르면 누를 때마다 숫자가 증가하면서 그 값을 버튼에 표시한다.

```
<!DOCTYPE html>
<html>
  <head>

      <script>
      var cnt=0;
      function count() {
              var hnd = document.getElementById("btn");
              cnt++;
              hnd.value=cnt;
      }
      </script>

  </head>
  <body>
이름: <input type="text” stype="width:50%”>
<p>
<input id="btn" type="button" value="제출“
onclick="count();">

 </body>
</html>
```
코드 38

우선 헤드 안에 <script></script>라는 태그를 넣었다. 이는 클라이언트에서 작동하는 자바스크립트 코드를 넣겠다는 스크립트 태그 안에 입력한다는 의미이다. 그리고 스크립트 태그에는 이전에 학습하였던 자바스크립트의 코드가 입력되어 있다. 우선 cnt라는 변수를 정의하고 0의 값을 입력한다. 그리고 사용자 정의 함수로 count()라는 것을 정의하는 것을 알 수 있다. 이 카운트 함수 내에서 getElementById라는 document 객체의 메소드를 호출하였다. 이 함수의 역할은 인수로 입력된 아이디와 동일한 객체를 참조한다. 다시 말해서 라인18을 보면 버튼을 만들 때 id="btn"이라고 추가적으로 입력하였는데 이 버튼의 고유 아이디를 btn으로 정한 것이다. 따라서 getElementById에서 이 버튼의 아이디로 참조할 수 있게 되었다.

그리고 이 count라는 함수가 호출될 때마다 cnt변수의 값이 증가하고 참조된 버튼의 value에 cnt값을 표시하였다. 그런데 이 count라는 함수는 언제 호출이 될까? 다시 라인18-19를 보면 onclick부분이 "count()"로 변경되었는데 클릭 될 때마다 count()라는 함수를 호출한다는 의미이다. 즉 이 버튼이 클릭되면 count()함수를 호출하고 이 함수에서는 cnt변수값을 1씩 증가한 후 그 값을 버튼의 value에 출력한다는 의미이다. 그래서 이 코드를 웹브라우저에서 열어서 해당 버튼을 누르면 그 때마다 값이 증가하는 것을 확인할 수 있다.

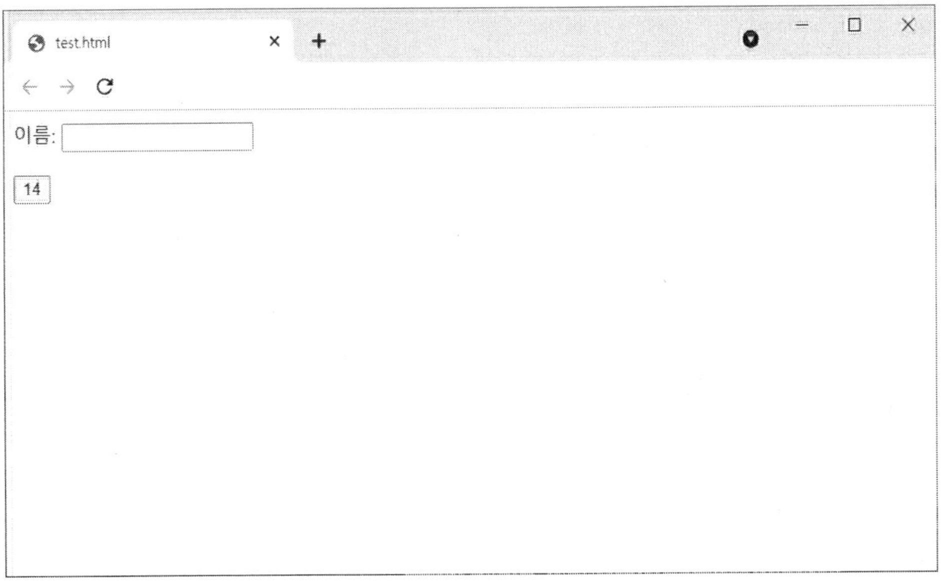

2) 예제: 버튼 예제

클라이언트의 자바스크립트는 사용하는 예제를 좀 더 생각해보자. 이번에는 특정 버튼을 누르면 text의 내용을 바꿔주는 예제를 만들어 보자. 버튼1, 2, 3을 만들고 각 버튼이 눌릴 때마다 버튼1이 눌렸습니다, 버튼2가 눌렸습니다와 같은 메시지가 text에 표시되도록 하는 예제이다.

```
<!DOCTYPE html>
<html>
  <head>

      <script>
      var cnt=0;
      function count(msg) {
               var hnd =
document.getElementById("txt_display");
               hnd.value=msg;
      }
      </script>

  </head>
  <body>
텍스트: <input id="txt_display" type=“text” stype=“width:50%”
style="color:red">
<p>
<input type="button" value="버튼1“
onclick="count(this.value);">
<input type="button" value="버튼2“
onclick="count(this.value);">
<input type="button" value="버튼3“
onclick="count(this.value);">
 </body>
</html>
```

코드 39

각 버튼을 클릭할 때마다 count함수를 호출하며 그 인수로 this 객체의 이름을 전달한다. 특별히 설명할 부분은 없고 실제로 표시되는 내용을 확인하면 된다.

3) Div 태그를 이용한 출력예제

이번에는 div태그를 이용하여 내용을 출력하는 방법을 생각해보자. div태그는 구역을 나누고 공통의 스타일을 적용하는 데 사용할 수 있지만 div태그 안의 내용을 바꿀 수 있어 출력을 위한 통로로 사용할 수 있다.

```
<div id="display1" style="color:red;"> 안녕하세요. </div>

<input type="button" value="버튼1"
onclick="document.getElementById('display1').innerText='버튼1이 눌렸습니다'">
<input type="button" value="버튼2"
onclick="document.getElementById('display1').innerText='버튼2이 눌렸습니다'">
<input type="button" value="버튼3"
onclick="document.getElementById('display1').innerText='버튼3이 눌렸습니다'">
```

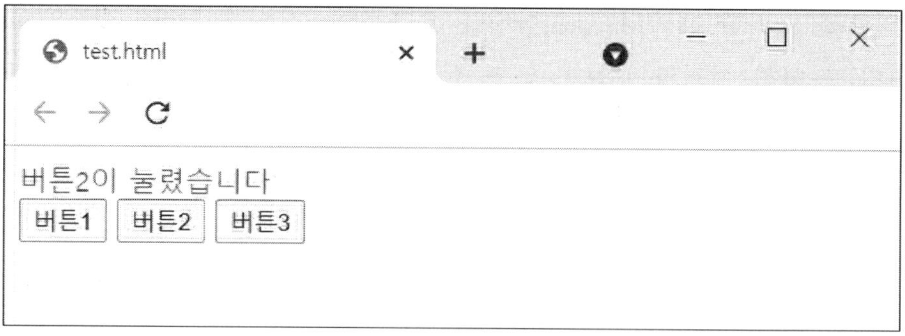

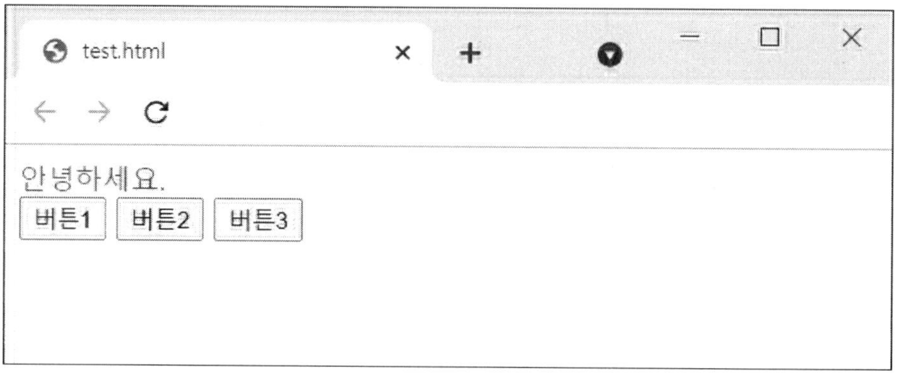

위 예제를 실행하면 이전과 같이 3개의 버튼이 나타나지만 텍스트 상자는 존재하지 않는다. 버튼을 누르면 텍스트의 내용이 변하는 것을 확인할 수 있다. input 태그를 보면 onclick의 내용이 이전과 다르다는 것을 확인할 수 있다. 이번에는 자바스크립트의 코드를 onclick에 입력하여 직접 실행하도록 하였다. 여기에 div의 태그의 innerText가 있는 데 이것은 div태그의 안쪽 내용을 원하는 내용으로 설정할 수 있다. 물론 이러한 내용을 이전과 같이 script 태그 내에 존재하는 함수로 만들 수도 있지만 여기서는 자바코드를 onclick에 입력하여 실행할 수 있다는 것을 확인하기 위해서 이렇게 만들었다.

innerText와 비슷한 메소드로 innerHTML이 있다. innerText는 div태그의 안쪽을 특정 문자열로 변경하는 데 목적이 있는데 innerHTML은 div 태그 안쪽의 내용을 html 코드를 입력하는 데 그 목적이 있다. innerText에도 html 태그가 입력될 수 있지만 그럴 경우에도 이를 문자열로 인식하기 때문에 해당 태그를 그대로 출력한다. 반면 innerHTML을 사용하면 html코드를 실행하고 실행 내용을 출력하게 된다. 다음 코드의 차이를 비교해보자.

```
<input type="button" value="버튼1"
onclick="document.getElementByID('display1').innerText='<h1>버튼1이 눌렸습니다. 아름다운 세상</h1>'">
<input type="button" value="버튼2"
onclick="document.getElementByID('display1').innerHTML='<h1>버튼2이 눌렸습니다. 아름다운 세상</h1>'">
```

이를 실행해보면 다음과 같은 차이를 확인할 수 있다.

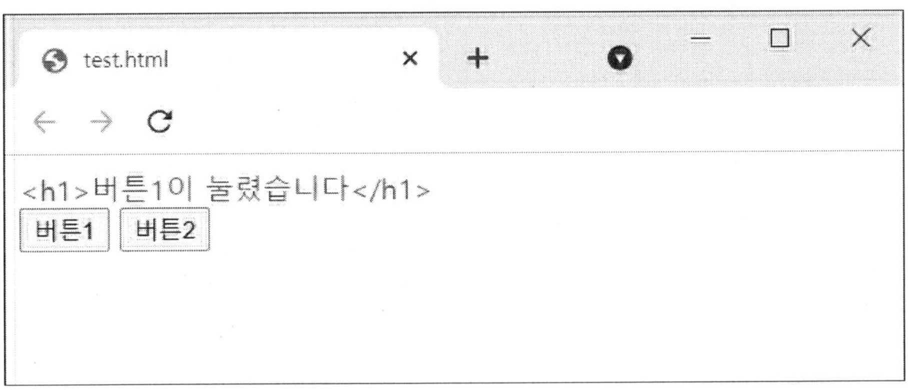

버튼1이 눌렸을 때는 innerText를 사용했기 때문에 h1태그를 문자열로 인식하여 그것을 실행하지 않고 그대로 그 내용을 표시하지만 innerHTML를 사용한 버튼2에서는 문자열의 값이 커진 것을 확인할 수 있다.

4) 타이머 작동하기

특정한 경우에는 특정 명령어가 주기적으로 실행될 필요가 있다. 예를 들어 1초에 한 번씩 현재 시간을 알려주거나 혹은 1회성으로 10초 후에 시간을 알려주는 기능을 구현할 수 있다. 예를 들어 클라이언트와 서버와 통신을 하는데 있어 서버의 정보가 변경되었는지를 주기적으로 한 번씩 확인할 필요가 있을 수 있다. 그럴 경우 타이머를 설정하여 클라이언트에서 특정 시간 후에 타이머를 작동하여 서버의 정보를 확인할 수도 있다.

이러한 기능을 위해서 크게 2개의 함수가 사용된다. 하나는 setTimeout이라는 함수와 setInterval이라는 함수이다. 우선 setTimeOut(코드, 시간)으로 구성되어 있는데 이렇게 만들어진 타이머의 아이디를 되돌려 준다. setTimeout함수는 일정 시간 후에 한 번 코드를 실행한다. 이 때 시간은 천분의 1초, 밀리세컨드 단위이다. 따라서 5초 후에 코드를 실행하고 싶다면 setTimeout(코드, 5000)과 같이 입력해야 한다. setTimeout은 한 번 실행되기 때문에 일반적으로 중간에 이를 취소할 필요가 없을 수 있지만 이 타이머를 취소하기 위해서는 clearTimeOut함수를 이용한다. 이 때 인수로 입력해야 하는 것은 이 타이머의 id이다.

```
var hnd = setTimeoue(“alert(‘hello’);”, 5000);
```

위와 같이 입력하면 5초 후에 alert가 작동되는 타이머를 생성할 수 있고 이 타이머의 id가 hn에 저장되게 된다. 이 타이머를 끄기 위해서는 clearTimeout을 실행하면 된다. 예를 들어 버튼을 만들고 그 버튼을 클릭하면 타이머가 이리 실행되기 전이라면 이 타이머를 끌 수 있다.

```
<input type=“button” value=“Timer Clear” onclick=“clearTimeout(hnd)”>
```

위와 같이 버튼을 만들 수 있다. 한 번 실행하는 것이 아닌 주기적으로 실행하기 위해서는 setInterval(코드, 시간)을 사용한다. 매 설정된 시간마다 코드가 반복적으로 실행된다. 마찬가지로 이 타이머를 제거하기 위해서는 clearInterval을 실행한다. 사용하는 방법은 setTimeout과 동일하다. 아래 예제는 매 1초마다 시간을 표시하는 예제이다. 버튼을 누르면 타이머가 정지한다.

```
<!DOCTYPE html>
<html>
 <head>
<script>
function time_display()
{
 var mytime=new Date();
 var hnd = document.getElementById("display1");
 hnd.innerText=mytime;
}

var timer1 = setInterval("time_display()",1000);
</script>
</head>
<body>
<div id="display1" style="color:red;"> 시간 표시 </div>
<input type="button" value="타이머 정비"
onclick="clearInterval(timer1);" >
</body>
</html>
```

코드 40

time_display함수는 현재 시간을 div태그 안쪽에 표시한다. 이를 위해서 Date객체를 호출하는 데 Date객체는 현재 시간을 반환한다. 그런데 이 함수는 한 번 실행될 때는 그 순간의 시간을 표시한다. 따라서 매 1초마다 시간이 바뀌기 위해서는 setInterval을 실행하여 타이머를 작동해야 한다. setInterval("time_display()",1000)를 실행하여 time_display함수를 매 1초마다 호출한다. 그 때마다 div태그의 innerText 값을 변경하여 시간이 바뀌는 것을 확인할 수 있다.

이 때 타이머 정지 버튼을 누르면 내부적으로 clearInterval함수가 호출되어 해당 타이머가 정지하고 더이상 시간이 갱신되지 않는 것을 확인할 수 있다.

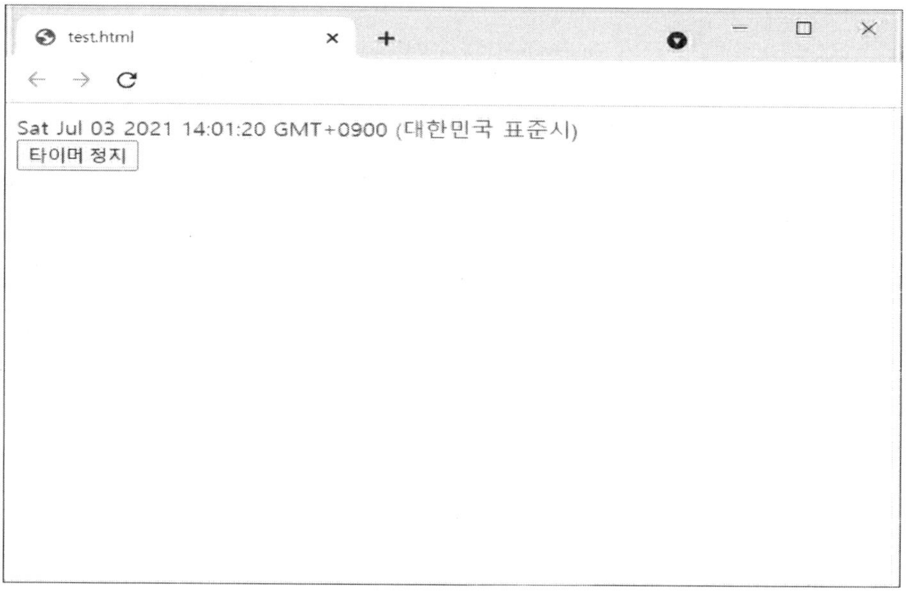

이러한 기능한 서버의 정보를 주기적으로 갱신하기 위해서 사용할 수 있다. 예를 들어 수명의 플레이어들이 서버에 접속하여 특정 변수의 값이 변경되었는지를 확인해야 하는 데 언제 서버의 값이 바뀌는지를 알 수 없을 때 타이머를 설정하여 이를 확인할 수 있다.

5) Form 개념 이해하기

이 책에서는 전통적인 get과 post를 이용한 통신이 아니라 GAS의 스크립트를 이용하는 서버와 클라이언트 간의 통신방법을 이용하지만 기본적인 get과 post의 개념은 이해할 필요가 있다. 기본적으로는 html에서 입력한 값을 서버로 보내기 위해서 form 태그를 사용한다. form 태그에는 input의 여러 객체를 모아놔서 일종의 입력폼의 역할을 한다. 다음과 같은 코드를 입력해보자.

```
<form id="myform" action="sample" method="get">
<p>이름: <input id="name" type="text"></p>
<p> 나이: <input id="age" type="text"></p>
<p> 패스워드: <input id="mypass" type="password"></p>
<input id="mysubmit" type="submit" value="submit">
<input id="myreset" type="reset" value="reset">
</form>
```

이렇게 입력하고 웹브라우저로 보면 다음과 같다. 말하자면 이름과 나이를 넣는 텍스트 상자와 패스워드를 넣는 상자 그리고 제출(submit)버튼과 리셋(reset)버튼이 있는 것을 확인할 수 있다. 그리고 이런 모든 구성이 아이디가 myform인 하나의 세트인 폼으로 구성되어 있다.

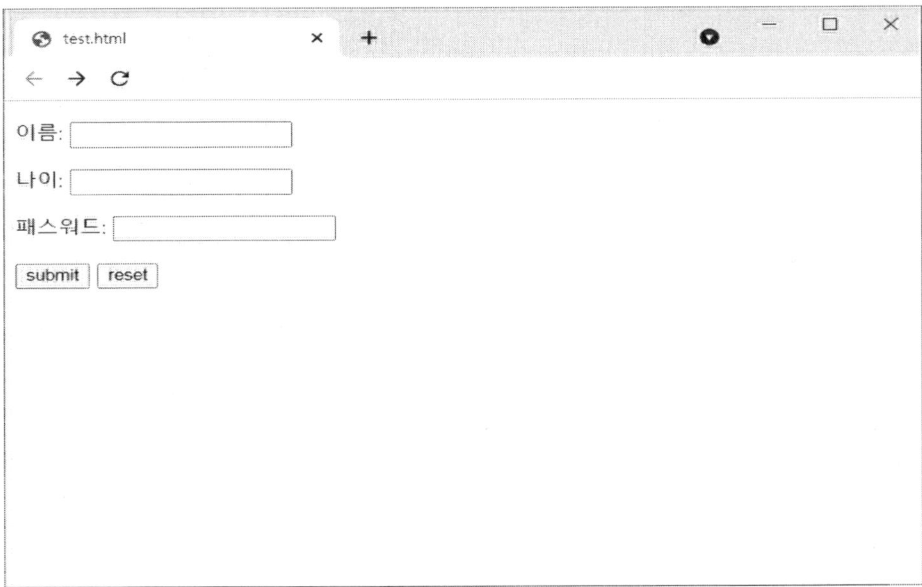

이 때 텍스트 상자에 어떤 내용을 넣은 후 reset버튼을 누르면 내용이 지워지는 것을 확인할 수 있다. 패스워드의 경우 위 이름과 나이를 넣는 텍스트 상자와 다르게 그 내용이 모두 ***를 통해서 감추어져 있는 것을 확인할 수 있다. 그리고

submit버튼을 누르면 “파일을 엑세스할 수 없다”는 내용이 표시되는 것을 확인할 수 있다. 왜냐하면 action에 “sample”이 입력되어 있는데 submit버튼을 누르면 sample로 연결되게 되어있다. 그런데 막상 샘플이라는 파일이나 주소를 찾을 수 없으니 실수가 발생하게 된다.

이 때 form태그는 이렇게 입력된 정보를 서버에 보내는 데 이 때 get방식과 post 방식을 통해서 정보를 보내게 된다. 이 예제에서는 get방식에 의해서 정보를 보내라고 method에 명시해 놓았다. 예를 들어, 이름이 “철수”이고 나이가 40을 넣어서 submit버튼을 클릭하면 다음과 같이 주소를 통해서 정보를 보낸다. sample?name=철수&age=40과 같이 주소에 입력된 정보를 추가하여 보낸다. 엄밀히는 철수라는 단어는 다른 단어로 치환되어 보내지지만 개념적으로는 위와 같이 보낸다. 가끔씩 특정 사이트에 접근할 때 주소록에 위와 같은 내용이 표시되는 것을 확인할 때가 있다. Post 방식은 위와 같은 정보를 숨기며 보낸다. 해킹에 취약하기 때문이다.

이렇게 서버와 통신을 하는 방법은 표준적이지만 다음과 같은 경우에 비효율적일 수 있다. 예를 들어 현재 페이지를 마치 대화하는 것처럼 사용하고 싶을 경우가 있다. 특정 입력값을 서버로 보내고 서버에서 처리를 한 후 현재 페이지의 특정 부분에 내용을 표시하는 것이다. 물론 get과 post를 이용해서 처리할 수도 있지만 이 경에 html의 프레임을 설정해야 하기 때문에[16] 추가적인 처리가 더 필요하다.

바. GAS의 웹앱을 통한 서버와의 통신

1) 웹앱 (WebApp)

웹앱은 기본적으로 누구나 인터넷을 통해서 접근하여 사용할 수 있는 GAS 어플리케이션을 만드는 것이다. 지금까지 사용한 GAS 코드는 그 코드의 소유자인 자신만이 접근하여 사용할 수 있다. 누구나 사용할 수 있는 웹앱을 만들기 위해서

---

16) 기술적인 부분인데 Get방식이나 Post방식을 통해서 서버에 있는 스크립트를 실행하면 보통 결과로서 html파일을 되돌려 준다. 설정에 따라서 웹브라우저는 이렇게 반환된 html 파일을 사용자가 원하지 않음에도 불구하고 기존의 홈페이지 전체를 사용하여 표시할 수 있다.

는 첫째 doGet(e)함수나 doPost(e) 함수를 코드 내에 반드시 가져야 하고 둘째, 배포가 되어야 한다. 이미 설명한데로 deGet이나 dePost 방식으로 통신을 할 때 전달된 파라미터 값을 받는 인수가 e이고 각각의 방법에 대해서 반응을 해야 하는 표준함수가 있어야 하기 때문이다. 그렇지만 GAS는 통신은 기본적으로 서버에 있는 스크립트 내에 함수를 직접 호출하는 방식을 통하기 때문에 GAS코드에서 doGet이나 doPost의 역할은 제한돼 있고 최초 실행될 때 이미 저장된 html문서를 뿌려주는 역할에 그친다. 달리 말하면 웹앱을 만들기 위해서 예를 들어 doGet(e)함수[17]는 반드시 존재해야 하지만 앞으로 사용하게 될 통신방법에서는 doGet(e)이 웹앱이 실행될 때 저장된 html 문서를 보여주는 데 그친다.

이해를 위해서 앱스 스크립트 에디터로 들어가자, 그리고 파일에서 +자를 눌러서 새로 만들기를 하자. 그러면 스크립트와 html을 선택할 수 있는데 이번에는 html을 선택하자. 그리고 프로젝트 이름을 index.html이라고 입력하자. 그러면 왼쪽은 파일 탐색기 부분에 현재 코드인 code.gs와 index.html이 만들어진 것을 확인할 수 있다.

code.gs로 돌아와서 모든 내용을 지우고 다음과 같이 입력하자.

```
function  doGet (e ) {
  return  HtmlService.createHtmlOutputFromFile("index.html");
}
```

웹앱은 반드시 doGet이나 doPost를 가져야 함을 다시 한 번 상기하자. 외부에서 웹앱을 실행할 때 아무런 인수를 전달하지 않더라도 최초로 doGet이나 doPost를 실행한다. 이 때 위 doGet에서는 Htmlservice 객체를 이용하여 index.html을 보여준다. HtmlService 객체는 html을 다루기 위한 관련된 다양한 행동을 처리한다. 그 중 createHemlOutputFromFile은 index.html 파일을 읽어서 이 웹앱을 실행한 웹브라우저에 뿌려주는 역할을 한다.[18] 이제 index.html을 분석하자. 이미 html의 기초를 이

17) 혹은 doPost(e) 함수가 있어야 한다.
18) 엄밀하게는 doGet은 index.html을 전달하고 웹브라우저가 이를 우리가 보는 모양으로 구성하는 것이다.

루는 코드가 입력되어 있는 것을 확인할 수 있다. body사이에 Hello. World!를 입력하자.

```
<!DOCTYPE html >
<html >
  <head >
    <base target ="_top">
  </head >
  <body >
    Hello. World!
  </body >
</html >
```

두 번째로 웹앱을 작동하기 위해서는 반드시 배포해야 한다. 배포라는 개념은 외부에서 이 코드에 접근할 수 있는 주소와 아이디를 만든다고 생각할 수 있다. 배포하지 않으면 이 코드에 id가 부여되지 않고 따라서 외부에서 이 코드에 접근할 수 없다. 오른쪽 상단의 '배포'를 누르면 "새배포", "배포 관리", "테스트 배포"와 같은 서브 메뉴를 확인할 수 있다. 테스트 배포는 새배포를 한 이후에 다시 테스트를 하면 배포를 할 때 의미를 가지게 됨으로 지금은 새 배포를 한다. 새 배포를 누르면 배포 유형을 선택하라는 메시지가 뜬다. 톱니바퀴 모양의 아이콘을 누르면 웹앱, API실행파일, 부가기능, 라이브러리를 선택할 수 있는데 우리는 웹앱을 선택한다. 그러면 이 웹에 설명을 추가할 수 있고 가장 아래에 '액세스 권한이 있는 사용자'를 선택할 수 있다. 여기서 '나만', 'Google 계정이 있는 모든 사용자' 그리고 '모든 사용자'를 선택할 수 있는데 모든 사용자가 접근하기를 원한다면 모든 사용자를 선택할 수 있다. 이 설정은 나중에 배포가 된 이후라도 수정할 수 있다.[19] 모든 사용자를 선택하고 배포를 누른다. 참고로 한 번 배포된 코드는 나중

---

19) 수정이라기보다는 수정을 하고 나서 새로운 버전의 웹앱을 배포하고 구버전은 비활성화 하는 개념이다.

에 취소할 수 없고 비활성화할 수 있다. 비활성화 하기를 원한다면 나중에 배포관리에서 비활성화를 선택할 수 있다.

여기까지 왔다면 새 배포가 뜨면서 배포 id와 웹앱의 url을 복사할 수 있게 된다. 웹앱에 접근할 수 있는 주소를 복사한 후 웹브라우저의 주소창에 복사하여 붙여 넣으면 다음과 같은 화면을 볼 수 있다.

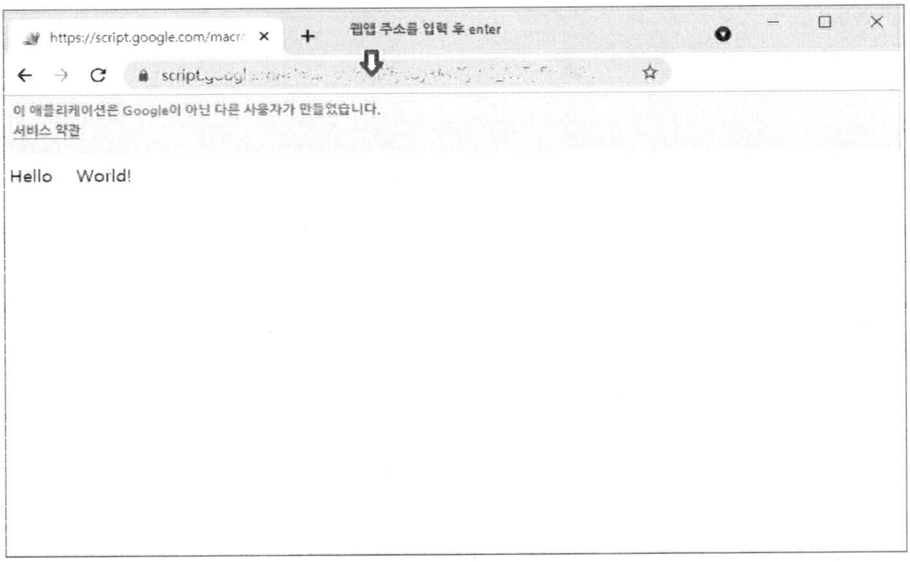

이 프로그램은 구글이 만들지 않았음으로 주의하라는 경고문과 함께 이 웹앱이 실행된 것을 알 수 있다. 이 주소로 웹앱을 실행하면 doGet(e)이 실행되고 index.html을 반환한다. 웹브라우저는 이렇게 반환된 index.html을 읽고 따라서 웹브라우저에 Hello, World가 나타난 것을 알 수 있다.

2) 웹앱을 통한 서버와의 통신

이제 이렇게 만들어진 홈페이지와 이 웹앱과 서로 데이터를 주고받는 예제를 실행해보자. 이를 위해 정보를 입력하기 위한 input을 index.html에 만든다. 이 예제에서는 따로 폼을 만들지는 않는데 정보의 통신을 get과 post를 이용하는 것이 아니라 client 사이드의 자바스크립트에서 서버의 웹앱의 함수를 직접 실행하는 방식으로 이루질 것이기 때문이다. 우선 다음과 같은 태그를 index.html에 추가하자.

```
<!DOCTYPE html >
<html >
  <head >
    <base target ="_top">
  </head >
  <body >
    이름 <input type ="text" id ="mytext"><p >
    결과창 <input type ="text" id ="myresult"><p >
    <input type ="button" value ="전송">
  </body >
</html >
```

그러면 이제 이렇게 업데이트 된 웹앱을 주소창에서 다시 읽어도 보이는 모습은 변경되지 않는다.[20] 이렇게 수정된 내용을 업데이트하기 위해서 배포에 들어가서 테스트 배포를 선택하자. 그러면 이 때 웹앱의 url이 나오는 데 이를 복사해서 다시 웹브라우저의 주소창에 복사하면 지금 업데이트 된 내용이 추가된다. 그러면 다음과 같은 내용을 확인할 수 있다. 혹은 다시 수정 배포를 해서 버전을 업데이트 할 수 있다. 테스트 배포는 웹앱을 개발하면서 디버깅을 하고 지속적인 수정을 하기 위해서 하는 것인데 반해서 모든 개발이 완료되었을 때 버전이 갱신된 배포를 한다.

20) 그러나 이미 이전에 테스트 배포를 했다면 index.html을 수정 후 저장만 해도 내용이 갱신될 수 있다.

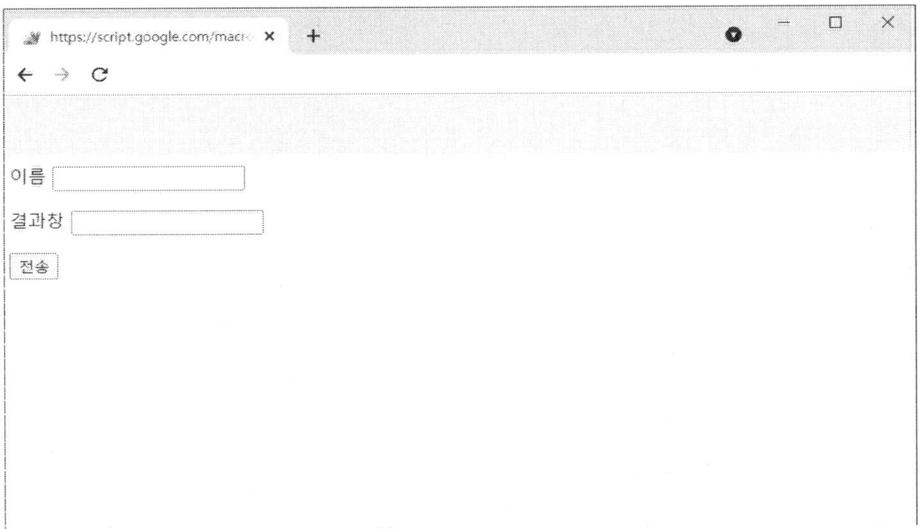

이 때 이름이나 결과 창에 어떤 내용을 입력하고 전송을 눌러도 아무런 액션이 일이나지 않는다. 왜냐히면 비튼의 onclick부분에 필요한 내용을 추가하지 않았기 때문이다.

아래 그림을 참조하자.

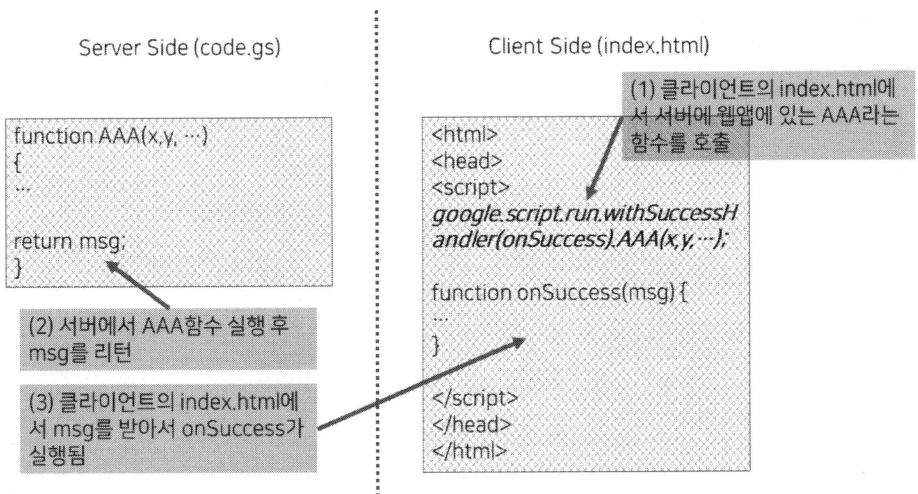

예를 들어, 클라이언트의 index.html에서는 서버의 AAA라는 함수를 호출하여 실행할 수 있다. 이 때 google.script.run이라는 객체를 이용하는데 이 때 withSuccessHandler

라는 메소드를 추가하면 AAA라는 함수를 실행한 후 추가적으로 결과도 받아올 수 있다. AAA를 실행할 때 필요로 한 정보를 인수로 넘기면 서버에서 AAA함수가 실행되면서 클라이언트에서 보내준 인수 x, y등을 전송 받아서 이용할 수 있다. 이렇게 받은 인수를 바탕으로 처리를 하고 AAA함수에서 클라이언트로 특정한 값을 다시 넘겨주고 싶으면 이 때 return 함수를 통해서 특정 값을 보낸다. 그러면 withSuccessHandler에서 등록된 함수가 실행되게 된다.

그런데 여기서 클라이언트와 서버는 다른 시간으로 작동한다는 것을 이해해야 한다. 클라이언트에서 사용자는 특정 행동, 예를 들어 버튼을 누르는 등의 행동을 통해서 특정한 정보를 서버에 있는 AAA함수에 보낸 이후에 사용자는 자신만의 행동을 시작한다. 다른 프로그램을 동작하는 등 현재 작동하는 자바스크립트의 코드와는 무관한 행동을 하면서 시간을 보낸다. 서버에서는 전송된 정보를 바탕으로 어떠한 처리를 하게 되는데 이 때 클라이언트에서 사용자는 AAA의 행동이 종료되기를 기다리고 있는 것이 아니다. 즉 클라이언트에서 다른 어떤 행위를 하고 있는 도중에 서버에서의 처리가 완료되어서 어떤 결과값이 클라이언트로 넘어올 수 있다. 클라이언트에서 AAA를 실행한 시점과 메세지가 되돌아온 시점은 같지 않다. 그 때를 대비하여 withSuccessHandler를 추가한다. AAA를 실행한 후 성공적으로 종료되었을 경우 withSuccessHandler(onSuccess)에서 미리 지정된 onSuccess 함수를 호출한다. 이 때 onSuccess함수는 클라이언트의 index.html에 존재한다. 중요한 것은 onSucess함수의 인수는 이전에 실행이 종료된 AAA가 되돌려 주는 값을 onSuccess 함수의 인수를 받는다는 점이다. 즉 AAA에서 클라이언트의 onSuccess 함수에 정보를 전달한다.

클라이언트에서 정보를 보내서 서버에서 처리를 한 후 그 값이 다시 클라이언트로 되돌아오는 과정을 설명했다. 물론 이렇게 실행된 AAA가 항상 성공하는 것은 아니고 실행에 실패할 수도 있다. 그럴 경우는 onSuccess가 실행되지 않는다. 대신 실패를 대비해서 withFailureHandler()를 실행할 수도 있다. 다만 결과적으로 50명 내외의 학생들이 거의 동시에 진행하는 프로그램에 있어서도 통신에 실패한 적은 없었기 때문에 withSuccessHandler를 통한 통신이 상당이 안정적이라는 것을 확인할 수 있다.

3) 예제: 친구인지 확인하기

친구인지 확인하는 프로그램을 만들어보자. 특정한 홈페이지에 접속하면 이름을 묻는다. 그리고 만약 사용자가 이름을 제출하면 그 이름이 서버에 있는 친구 이름 리스트에 있을 경우 해당 친구의 나이를 알려주고 만약 이름이 친구 리스트에 없을 경우 '친구가 아닙니다'라고 출력하는 프로그램을 만들어보자. 매우 간단한 프로그램이지만 사실 클라이언트의 html과 서버의 GAS가 필요한 통신은 모두 포함되어 있다. 클라이언트의 사용자는 이름이라는 정보를 서버에 보내고 서버를 이를 처리한 후 메시지를 다시 클라이언트에 되돌려주는 예제이다.

기본적으로 모두가 사용할 수 있는 웹앱으로 만든다. 다음과 같은 index.html 코드를 입력하자.

```
<!DOCTYPE  html >
<html >
  <head >
    <base  target ="_top">
    <script >
      function  display () {
        var  frdname  = document .getElementById
("mytext").value ;
        google .script .run .withSuccessHandler(onSuccess
).FindWho (frdname );
      }

      function  onSuccess (msg ) {
        var  frd_hnd  = document .getElementById
  ("mytext");
        var  hnd =document .getElementById ("myresult");

        if (msg >0 ) {
          hnd .value =frd_hnd .value  + "의 나이는 " + msg
```

```
+ "살 입니다.";
          } else  {
            hnd .value  = "그는 내 친구가 아닙니다.";
          }


        }

      </script >
    </head >
    <body >
      이름 <input  type ="text" id ="mytext" style
="width:80%"><p >
      결과창 <input  type ="text" id ="myresult" style
="width:80%"><p >
      <input  type ="button" value ="전송" onclick
="display();">
    </body >
  </html >
```
코드 41

아래는 이에 상응하는 code.gs의 코드이다.

```
function  doGet (e ) {
  return  HtmlService
.createHtmlOutputFromFile('index.html');

}

function  FindWho (name ) {
  var  myfriends  = [
    ["철수", 40 ],
    ["미애", 30 ],
```

```
    ["은하", 20 ],
    ["은주", 10 ]
  ];

  for (i =0 ;i <myfriends .length ;i ++) {
    if (name ==myfriends [i ][0 ]) {
      return  myfriends [i ][1 ];
    }
  }
  return  -1 ;
}
```
코드 42

이제 이 웹앱을 실행하면 다음과 같은 화면을 볼 수 있다. 기존 배열에 저장돼 있는 친구 이름을 올바르게 입력하면 '친구의 이름은 몇 살입니다.'라는 문장이 출력되지만 일치하지 않는 다른 이름을 입력하면 '그는 친구가 아닙니다'라는 문장이 출력됨을 확인할 수 있다.

이제 이 코드를 이해해보자. Code.gs를 확인하면 두 개의 함수로 구성되어 있는데 doGet(e) 함수와 FindWho(name)이라는 함수이다. 이전에 설명한 것처럼 doGet함수는 이 웹앱이 처음에 호출되었을 때 index.html을 되돌려주는 역할을 하고 있다. FindWho를 살펴보면 우선 myfriends 배열에 친구의 이름과 나이를 2차원 배열에 입력한 것을 확인할 수 있다. name을 인수로 받아서 일치하는 이름이 이 배열에 있을 경우 그 친구의 나이를 되돌려 주지만 이름이 없을 경우 -1을 전달한다.

음수인 -1을 전달하는 것은 다음과 같은 이유이다. 나이는 음이 아닌 양수이기 때문에 -1을 리턴하면 이것은 나이와 겹치지 않기 때문에 되돌아 온 값이 나이가 아니라는 것을 알 수 있다. 물론 -1대신에 0을 사용할 수도 있지만 자바스크립트에서는 0은 거짓(false)로 간주되기 때문에 조건식을 작성할 때 신중해야 한다. 이러한 어려움을 피하기 위해서 -1을 사용하면 비교적 실수의 가능성을 낮추면서 코딩할 수 있다.

또한 라인16, 17에서 동일한 이름을 가진 사람을 찾아내면 그 사람의 나이를 되돌려 준다. 따라서 더 이상이 코드가 진행되지 않고 나이를 반환한 후 이 함수에서 빠져나온다. 왜냐하면 더 이상 찾을 이유가 없기 때문이다.

index.html의 스크립트 태그에는 2개의 함수가 있다. 하나는 display()라는 함수이고 onSuccess()라는 함수가 있다. display()라는 함수를 보면 먼저 텍스트 상자의 id를 확보한 후 다음과 같이 실행한다.

```
google .script .run .withSuccessHandler(onSuccess ).FindWho (frdname );
```

frdname에는 텍스트 상자에 입력된 값이 들어 있음으로 FindWho(frdname)을 호출함으로써 텍스트 상자에 입력된 값을 서버의 함수에 넘겨주고 있다. 위에 확인한 것처럼 FindWho 함수는 입력된 이름을 미리 저장된 배열에서 확인한 후 그 값이 있다면 나이를 되돌려주고 친구의 이름이 없다면 -1을 되돌려 준다. 그런데 이 함수가 실행이 종료된 후 onSuccess 함수가 호출된다고 웹브라우저에 알려준 후 display함수는 종료된다.

나중에 FindWho 함수가 성공적으로 종료된 후 클라이언트에 알려주면 onSuccess

(msg)함수가 호출되는 데 이 때 msg에는 FindWho 함수에서 반환한 값이 들어 있다. 만약 이 값이 음수이면 사람을 찾지 못했다는 뜻이며 양수이면 이 친구의 이름을 확인한 후 나이를 되돌려 준 것이다. 따라서 msg값에 따라서 다른 내용을 텍스트 상자에 출력한다.

다만 index.html의 라인 34, 35에서 버튼이 클릭 될 때 onclick="display();"을 통해서 display() 함수를 호출하도록 연결했다는 사실은 주목할 필요가 있다. 이 부분이 없다면 아무리 버튼을 눌러도 display함수가 호출되지 않고 서버의 함수를 호출할 수 없게 되기 때문이다.

물론 전통적인 doGet과 doPost를 사용할 수도 있지만 GAS의 도움말을 참조하면 표준적인 통신방법으로 withSuccessHandler를 사용하도록 장려하고 있다.

- *(exercise) 이름과 별명을 입력하면 구글 시트에서 이름을 검색한다. 이름이 존재하면 별명을 업데이트하고 '별명이 업데이트 되었습니다' 라고 출력한다. 만약 이름이 없으면 이름과 별명을 구글 시트에 추가한다. 만약 이름만 입력되고 이름이 리스트에 존재할 경우 이름과 별명을 출력한다. 만약 이름만 입력되고 이름이 리스트에 존재하지 않을 경우 '이름과 별명을 모두 입력해주세요' 라고 출력하는 코드를 작성하라.*

- *(exercise) 지메일도 GAS에서 사용하여 메일을 보낼 수 있다. 단, 메일을 보내는 것에 비해서 메일을 읽는 것은 허가권의 문제 때문에 매우 어렵다. 홈페이지에서 이름과 메일주소를 입력하면 '안녕하세요' 라는 메일을 보내는 코드를 작성하라.*

05

GAS로 만드는 수정된 공공재 실험

가. 배경

이번 장에서는 실제로 수업에 활용된 공공재 실험을 위한 코드를 분석하면서 실제로 만들어 본다. 여기서 만드는 수정된 공공재 실험은 매우 학생들의 호응도가 높았으며 공공재를 이해하는 데에 있어 도움이 되는 게임이다. 특히 개인의 선택과 집단의 선택 사이의 갈등구조를 이해하는 데에 특화된 게임이다.

수정된 공공재 실험은 일반적인 공공재 게임을 변형하여 활용하였다. 변형된 공공재 게임은 자발적 기부 모형 (Voluntary Contribution Game; VCM)을 기본으로 하여 추가로 임의로 하나의 그룹에 속하도록 설계되었다. 특히 각각 자신이 속한 그룹에 대한 이익과 자신의 이익이 충돌하는 상황을 반영하도록 설계하였다. 공공재에 많이 투자할수록 모두의 이익은 증가하지만 개인적의 투자비용이 커서 공공재에 대한 기부의 인센티브와 개인의 이익이 충돌하는 게임을 말한다.

예를 들어, 환경문제에서 CO_2감축의 효과는 장기적이고 추상적인 반면 감축비용은 자국 산업의 피해와 같이 직접적이고 구체적인 경우가 일반적이다. 교토프로토콜에서도 CO_2감축 참여에 대한 의사결정 문제를 논의하였는데 주요 CO_2 생산국인 미국, 중국 등 주요국은 자국 산업의 피해를 이유로 참여하지 않았던 경험을 가지고 있다. 이러한 갈등구조를 강의실 내에서 VCM을 통해서 이해할 수 있는 기회가 있다.

수정된 공공재 게임에서는 VCM을 그대로 사용하는 것이 아니라 좀 더 자신이 속한 그룹에 대한 소속감 효과를 극대화하여 학생들 간의 상호작용을 극대화하고자 다음과 같이 변형하였다. 본 실험에서는 실험이 시작하면 학생들을 임으로 3개의 그룹으로 나눈 후 총 5회에 걸쳐 VCM과 유사하게 공공재 투자를 진행하였다. 3개의 그룹은 학생들의 흥미를 유도하고 그룹에 대한 소속감을 높이기 위해서 '인간(Human)', '오크(Orc)', '언데드(Undead)'와 같은 이름을 붙였다. 변형된 공공재 게임의 규칙을 설명한 실험안내서는 아래에 추가되었다. 각 학생들은 게임이 시작하면 총 12개의 가상의 토큰(크리스털)을 받으며 총 5라운드가 진행되는 각 라운드에서 팀원이 자신이 속한 그룹에 기부한 공공재의 총합이 큰 그룹이 각 라운드에서 승리한다.

승리한 라운드에서 승리한 팀의 모든 팀원은 각각 3개의 토큰을 추가로 받고 5라운드 중 가장 많이 승리한 팀이 최종 승리하였다. 3개의 토큰 개수는 경험치 상 학생들의 상호작용을 증대하는 크리스털의 개수이다. 최종 승리한 팀의 모든 팀원은 각각 6개의 토큰을 추가로 받는다. 각 라운드와 최종 라운드에서 일등이 2개 이상일 경우 그 라운드와 최종 라운드에서 우승한 그룹이 없는 것으로 간주한다. 각 개인의 최종보수는 최종적으로 기부하지 않고 남아 있는 토큰과 각 라운드에서 팀이 승리한 경우 지급받은 토큰 및 최종 우승할 경우 지급받은 토큰 개수를 더해서 자신의 최종 보수가 정해진다.

나. 실험설계

이 변형된 공공재 게임은 12개의 토큰 중 개인의 이익을 위해서는 적게 기부해야 유리하며 동시에 팀이 승리하기 위해서는 많이 기부해야 유리한 인센티브가 충돌하는 죄수의 딜레마 상황을 작위적으로 연출하였다. 실험이 시작되기 전에 실험을 주관하는 홈페이지에서 학생들은 실험등록을 한 후 실험에 참여한다. 실험이 시작되면 각 라운드는 10분간 진행하여 팀원들이 전략을 연구할 수 있는 시간을 제공하였다. 다만 온라인 실험에서는 10분간의 전략 시간을 주면 각 그룹에 속한 학생들은 SNS 등을 통하여 비대면으로 전략 토론을 진행할 수 있다.21) 학생들은 10분의 시간이 끝나면 다시 홈페이지에 해당 라운드의 순위와 기부된 그룹의 총 크리스털 수를 공개한다. 해당 라운드에서 기부를 할 때에는 다른 사람이 얼마의 크리스털을 투자하였는지 알 수 없는 상황에서 투자를 결정한다.

이는 주로 경제학과 소속인 학생들의 특성상 수업 이후에도 자신이 얼마를 기부했는지를 공개하지 않았는데 이는 다른 학생의 투자개수를 확인할 가능성을 차단하여 학생 간 암묵적인 벌주기(Implicit Penalty)를 회피하기 위함이다. 학생들은 다른 학생들의 기부량을 알 수 없었으며 실험 이후 최종 성적이 반영된 이후에도 학생들에게 제공되지 않았다. 학생들이 기부한 토큰에 따라 1등부터 3등 그룹을 계산하였고 이러한 라운드별 결과는 실험의 진행 중에 홈페이지에서 확인할 수 있었다.

다만, 2라운드와 4라운드의 경우에는 모든 정보를 제공할 경우 각 팀원들이 전략적인 최적해(optimal solution)를 도출할 수 있는 가능성이 있어 이 경우 이 수업이 목표로 하는 교육적인 목적과 배치돼 2라운드와 4라운드의 정보를 제한적으로 제공하였다. 각 라운드에서 각 팀의 순서를 발표하였고, 1회, 3회, 5회에서는 1등과 2등 팀의 총 기부량을 숫자로 제공하였으나 2회와 4회는 어떠한 추가 정보도 제공하지 않았다. 따라서 총 기부량을 이용하여 반드시 승리하는 전략을 도출하는 것은 불가능하였다.

학생들에게 제공된 실험설계서는 아래와 같다.

개인의 이익과 집단의 이익의 딜레마
최근 한국사회의 가장 큰 문제점은 첫째, 개인의 이익과 사회의 이익이 충돌하는 것, 둘째, 자신이 속한 조직이나 단체의 이익을 더 큰 사회, 대한민국의 이익보다 중시하는

21) 실제로 줌 수업시간에 이러한 공공재 게임을 진행하면 줌의 채팅윈도우에 이러한 전략 토론을 위한 시간을 공지하고 학생들은 줌의 소회의실 기능을 이용하여 토론을 하거나 혹은 단톡방을 열어서 상호 간에 토론시간을 가질 수 있다.

것 등 여러 곳에서 이익의 충돌이 발생하고 있습니다. 오늘은 게임을 통해서 이러한 이해충돌이 인간의 선택에 어떠한 영향력을 미치는지 확인하려 합니다.

이 게임은 개인의 이익과 집단(사회)의 이익이 충돌할 경우에 할 수 있는 개인의 선택에 대한 실험입니다. 특히 개인과 조직 간 이해충돌을 어떻게 이해하고 더 나은 방향을 찾는지에 대한 실험이 될 것입니다. 이 게임을 통해서 인간의 이기심과 사회의 공익 사이의 충돌에 대한 이해를 높일 수 있을 것입니다.

우선 여러분은 게임이 시작하면 휴먼(H)-오크(O)-언데드(U) 중 하나의 집단에 속하게 됩니다. 각각 종이로 된 자원(크리스털) 12개를 받게 되는데, 이 자원은 각각의 종족이 전쟁에서 승리하는데 중요한 역할을 합니다. 그리고 이 자원에 숫자와 종족이 적혀있는데 이를 통해서 여러분은 임으로(randomly) 하나의 종족에 속하게 됩니다. 게임은 총 5회의 전투로 진행됩니다. 가장 많은 전투에서 승리한 종족이 전쟁에서 승리합니다. 상세한 규칙은 아래와 같습니다.

1. 각 전투에서 각 팀원은 자신이 가진 자원 중 일부를 종족을 위해서 기부하게 됩니다. 그럼 그 종족의 기부된 자원을 모두 더하여 가장 많은 자원이 기부된 종족이 승리합니다. <u>전투에서 승리한 종족의 회원 모두는 3개의 크리스털을 받게 됩니다.</u>
2. 총 16개의 크리스털을 받게 되며, 그 중 3개는 가짜의 크리스털이며 1개는 자신의 이름과 학번을 적는 난입니다. <u>반드시 이름과 학번을 적는 크리스털은 반드시 4번의 전투 과정 중에 제출해야 하며 제출하지 않을 경우 점수가 나가지 않습니다.</u>
3. 한 전투에서 기부된 크리스털의 개수가 똑같은 전투가 있으면 그 전투는 승리한 종족이 없어서 아무도 승리 크리스털 3개를 얻지 못합니다. 모두 0을 기부한 경우에도 마찬가지입니다.
4. 5회의 전투 후 최종적으로 가장 많은 1개의 종족의 팀원은 모두 6개의 크리스털을 가지게 됩니다. 역시 2개 이상의 종족이 승리한 개수가 똑같으면 최종 전쟁에서 승리한 종족이 없음으로 6개의 승리 크리스털을 얻지 못합니다.
5. 최종적으로 얻게 되는 개인의 점수는 남아있는 <u>1) 개인의 크리스털 + 2) 각 전투 및 최종전투에서 얻은 크리스털의 합계</u>입니다.
6. 전투 및 전쟁에서 승리하여 받은 추가적인 크리스털을 기부할 수 없습니다.
7. 각 전투에서는 가장 많이 기부한(승리한) 팀과 두 번째로 기부한 팀의 총 기부개수는 공개합니다. 즉, 가장 적게 기부한 팀의 기부량은 공개하지 않습니다.
8. 단, 두 번째 전투와 네 번째 전투에서는 승리한 팀과 두 번째 팀 이름만 공개하고

기부량은 공개하지 않습니다.

9. 이 게임이 끝나도 각 개인이 얼마만큼을 기부했는지는 공개하지 않습니다.
10. 최종적으로 (4)번에 얻은 크리스털의 합계가 가장 높은 사람이 포인트 100점을 얻게 됩니다. 크리스털의 합계가 0인 사람은 25점을 얻게 되며 그 외는 25점과 100점 사이에서 비례적으로 점수를 얻게 됩니다.
11. 첫 전투는 15분간 전략회의시간 후 기부를 시작하며, 두 번째, 세 번째, 네 번째, 다섯 번째 전투는 10분의 전략회의 시간을 가지고 기부를 시작합니다.
12. 사람 숫자가 맞지 않아 발생하게 되는 자원봉사자의 경우 최고점의 70%에 해당하는 점수를 얻게 됩니다.

다음의 실전 프로그래밍에서는 이러한 수정된 공공재 실험을 실제로 구현해본다. 제공되는 내용을 충분히 이해하고 활용한다면 대부분의 수업 GAS와 구글 사이트 등을 이용해서 구현할 예정이다. 경제 및 심리 등에서 이용하는 실험의 구성이 수정된 공공재 실험이 제공하는 기능과 크게 다르지 않기 때문에 이 장에서 만드는 프로그래밍을 이해한다면 다른 실험도 충분히 구현가능하다.

다. 실전 프로그래밍

1) 배경

우선 실제로 이러한 설계를 GAS에 구현하기 위해서는 몇 가지를 고려해야 한다. 한 가지는 이러한 온라인 실험을 제어할 수 있는 연구자와 실제 실험을 진행하는 학생 혹은 피실험자가 구분되어 있으며 이들의 역할이 다르다는 점이다. 연구자의 경우 실험 중간에 학생들의 응답 진행상황을 파악하거나 혹은 다른 라운드로 진행하는 등의 역할을 해야 하며 피실험자는 연구자가 설계한 실험 속에서 실험을 온라인으로 진행하게 된다. 또한 온라인 경제실험은 PC실 등 실험실에서 진행하는 것이 아니기 때문에 학생들은 노트북에서 스마트폰 등까지 다양한 환경에서 해당 홈페이지에 접속할 것임은 염두에 두어야 한다. 실험이 진행된 이후 피실험자들은 실험을 진행하면서 자료가 발생하고 이러한 자료를 수집하고 이렇게 수집된 자료를 제어하는 것도 진행해야 한다.

한 가지 비교해야 하는 것은 구글 폼 등을 활용하는 방안이다. 물론 구글 폼을 활용하여 설문뿐만 아니라 퀴즈를 실시하는 등 다양한 활동을 할 수 있다. 그러나 구글 폼은 기본적으로 한 번 서버에서 뿌려주면 다시 개인의 응답 등을 활용하여 확장된 혹은 그 이상의 상호작용을 할 수 없다. 만약 상호작용이 필요하지 않다면 GAS를 활용하는 등의 복잡한 과정이 필요 없고 구글 폼을 활용하면 된다. 구글 폼 역시 GAS를 이용하여 체계적으로 만들 수 있다. 예를 들어, 학생마다 모두 다른 설문지를 GAS를 이용하여 만들 수 있다. 그러나 학생들이 의사결정을 하는 와중에도 학생들 간, 학생과 교수자와의 상호작용이 필요할 때는 구글 설문지로 제공할 수 없으며 GAS를 활용할 수 있다.

연구자는 실험에 대한 다양한 설계 혹은 상황을 제어하기 위한 환경변수가 필요한데 이를 우선 구글 시트로 제어할 수 있다. 본 예제에서는 실험과 관련된 환경변수를 제어하기 위한 Parameter 시트, 피실험자들의 계등록 정보를 관리하기 위한 Subject 시트, 그리고 실험결과가 저장되는 Result 시트로 3가지 시트를 사용한다. 이 시트를 제어(configuration) 시트 파일이라고 명명하자. 만약 대단위의 자료를 사용하여 설계 사용해야 한다면 데이터베이스와 같은 자료구조를 사용해야 하나 본 예제를 포함하여 경제실험의 경우 최대 1~2백 명의 소수의 인원의 상호작용을 처리하기 때문에 굳이 데이터베이스를 사용하기보다는 구글 시트를 이용해서도 충분히 진행하는 데 무리가 없다.

〈표3〉 실험 관련 자료 저장을 위한 구글 시트

시트	내용
Parameters	실험상태, 라운드, 트리트먼트 등 실험과 관련된 외부 환경변수를 제어하기 위한 시트
Subjects	실험에 참여할 피실험자들의 등록정보를 저장하기 위한 시트
Results	실험이 진행되는 동안 피실험자들의 의사결정을 저장하기 위한 시트

실험은 크게 실험 시작 전 단계, 실험에 참가할 학생들의 기본적인 아이디 등을 등록하는 등록단계, 그리고 실제 실험을 진행하는 실험 단계로 구분하였다. 실험 시작 전 단계는 해당 웹앱에 사람들이 접속할 경우에도 아무런 동작을 하지 않고 '지금은 실험이 시작하지 않았다'는 메시지만 출력한다. 이러한 경제실험은 항상 진행하는 것이 아니라 일정 시간 동안 시간을 정해놓고 실험을 진행하기 때문에 실험을 진행하지 않는 시간에는 실험시작 전이라는 메시지를 출력하는 것이다. 등록단계는 실험에 참가하는 학생들의 기본적인 정보를 수집하는 단계이다. 예를 들어 학생들이 사용할 아이디, 패스워드와 학번, 이름 등과 같은 정보이다. 개념적으로는 0은 실험 시작 전 단계, 1은 등록 단계, 2는 실험 진행 단계로 구분한다.

또한 실험이 진행될 경우 실험은 세션과 라운드로 구분이 된다. 본 프로그램에서는 세션과 라운드를 구분하지 않고 조작(treatment)과 라운드(round)만 설정한다. 즉 암묵적으로 하나의 세션만 있다고 가정하는 것이다. 만약 다른 세션이 필요하다면 다른 실험을 구현해야 한다는 뜻이다. 이 때 가장 중요한 부분은 각 조작에 할당될 학생 수를 정확히 파악하는 작업이다. 학생 수는 학생등록 단계 이전에 이미 파악이 되어야 한다. 파악된 학생 수를 바탕으로 각 조작과 조작에 할당될 학생 수를 결정해야 한다. 예를 들어 학생 수가 30명이고 조작이 2개라고 하자. 각 조작에서 3명이 한 조가 되어서 실험을 한다고 하면 가장 이상적인 경우는 15명씩 조작에 임의 할당을 하여 각 조작 당 5개의 그룹으로 총 10개의 그룹을 만드는 것이다. 만약 이러한 실험을 10회 반복한다면 조작은 2개가 되고 첫 번째 조작에(treatment 1)에 3명씩 1개 그룹을 5개, 두 번째 조작(treatment 2)에 3명씩 1개 그룹을 5개 만들게 된다. 혹은 그룹을 만들지 않고 개인으로서 실행하게 되는 게임이라면 15명씩 한 개의 조작에 할당되고 한 조작 당 1명이 한 그룹으로 15개의 그룹이 만들어진다. 혹은 하나의 그룹에 모두 들어가게 할당하면 된다. 즉 조작에는 그룹의 개수와 하나의 그룹에 들어갈 사람 수가 필요하다.

아래는 이러한 변수들을 관리하기 위한 파라메타 시트이다.

〈표4〉 Parameters 시트

	A	B	C	D
1	Variables	Value	Values	Meaning by values
2	Current Session	0	0	not started
3			1	Getting Students' ID and Password
4			2	Excute Experiments
5	Treatment	3		The maximum number of treatments is 10
6	Round	10		
7	CurRound	10		
8				
9		Number of Groups	Member Number in Group	Stranger
10	Tr 1	1	15	TRUE
11	Tr 2	1	15	TRUE
12	Tr 3	1	15	TRUE
13	Tr 4	0	0	TRUE
14	Tr 5	0	0	TRUE
15	Tr 6	0	0	TRUE
16	Tr 7	0	0	TRUE
17	Tr 8	0	0	TRUE
18	Tr 9	0	0	TRUE
19	Tr 10	0	0	TRUE
20				
21	Subjects Number	45		
22	Subjects' Assignment	done	done	The assignment is over.
23			not assigned	The assignment has not been done.

예를 들어 현제 시트에서 지금 단계를 나타내는 B2셀은 0, 1, 2가 입력될 수 있는데 각각 실험 전 단계, 등록단계, 실험 단계를 의미한다. B5셀의 조작은 총 3단계의 조작이 있으며 B6셀의 라운드는 총 10개의 라운드가 존재한다. 그 밑의 B7

라운드는 현재 라운드가 10번째 라운드임을 알려주고 있다. B10셀부터 밑으로 1번 조작에 필요한 그룹 수를 표시하고 있다. C10셀부터 밑으로 각 그룹에 필요한 인원수를 지정하였다. 이 예제에서는 총 3개의 조작이 있고 각 조작 당 하나의 그룹이 있으며 한 그룹 당 15명의 학생이 할당되어있음으로 B21셀의 총 학생 수는 45명임을 확인할 수 있다. 실험이 시작하기 전에 실전에서는 학생들의 수를 세어서 그에 맞는 조작과 그룹 수를 설정해야 한다.

참고로 위 parameter시트에서 B10부터 B19까지 최대 10개의 조작을 사용할 수 있도록 공간을 할당하였다. 위 예제에서는 처음 3개의 조작만을 사용하였다. 이렇게 최대 사용개수의 한계를 두는 이유는 기술적으로 최대 사용개수를 미리 정하는 것이 코딩 등에 있어 수월하기 때문이다.

D10셀부터 밑으로 외부인(stranger) 매칭을 설정할 수 있다. 외부인 매칭은 라운드를 반복할 때 마다 같은 조작 내에서 그룹을 다시 재설정하여 실험을 진행한다. 만약 stranger 설정이 false로 되면 첫 번째 라운드에 설정된 그룹이 변경되지 않고 라운드가 끝날 때까지 계속된다.

2) 학생등록

학생을 등록하는 과정은 Expr_signin 웹앱으로 구현하였다. 참고로 학생등록을 구현하는 웹앱은 해당 수정된 공공재 실험뿐만 아니라 다양한 실험에서 공통적으로 사용될 수 있는 웹앱이다. 어떤 실험이든 결국 그 실험에 참가할 학생들의 정보는 기본적으로 정리되어 등록되어야 하기 때문이다. 따라서 학생등록은 Expr_signin 웹앱으로 구현하고 실제 학생들이 상호작용하는 부분은 다른 웹앱으로 구현하면 된다.

그리고 외부에 보여지는 부분은 inputform.html에서 실험에 등록하는 학생들의 이름과 암호 그리고 학번을 입력하는 input 태그를 구현하였다. 아래 이미지는 웹브라우저에서 보이는 모습이다. 단 실험시작 전 단계에서는 아직 실험이 시작되지 않았음을 표시한다. 실제로 아래 inputform.html을 보면 두 번째 줄에 '아직 실험이 시작하지 않았습니다.'라는 문장이 표시된 것을 확인할 수 있다.

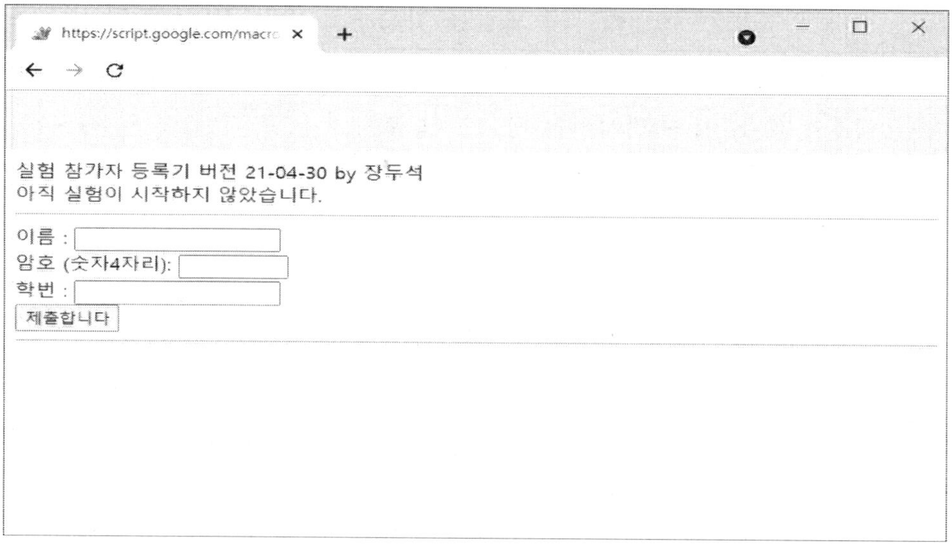

〈그림3〉 참가자 등록기 실행 화면

아래는 이를 구현하는 실제 inputform.html 코드이다.

```
<!DOCTYPE  html >
<html >
  <head >
    <base  target ="_top">
  </head >

  <script >
  function  SubmitForm ()
  {
    var  myName  = document .getElementById ('name');
    var  myPass  = document .getElementById ('password');
    var  mySID  = document .getElementById ('sid');

    if  (myName .value !="" & myPass !="") {
    google    .script    .run    .withSuccessHandler(onSuccess
```

```
).UpdateID (myName .value , myPass .value , mySID .value );
      myName .value ="";
      myPass .value ="";
      mySID .value ="";
      }
    }

    function  onSuccess (myText )
    {
    //  alert('onSuccess is called!'+myText);
      document .getElementById ('output').innerText =myText ;
    }

    google    .script    .run    .withSuccessHandler(onSuccess
).Myfunction ();

    </script >

    <body >
    <div  id ="output"></div >
    <hr >
      <div >
        <label >이름        :</label >
        <input  type ="text" id ="name">
      </div >
      <div >
        <label >암호 (숫자4자리):</label >
        <input    type    ="password" id    ="password" minlength
="4" maxlength ="4" size ="8">
      </div >
      <div >
        <label >학번        :</label >
```

```
48          <input  type ="text" id ="sid">
49        </div >
50        <div >
51          <button  type ="button" onclick ="SubmitForm()">제출합니
52  다 </button >
53        </div >
54        <hr >
55      </body >
56    </html >
```
코드 43

input폼의 body는 라인 34부터 56까지에 존재한다. 우선 몇 개의 div태그로 나누어져 있는데 개념적으로 공통된 스타일을 사용하기 위해서 div태그로 구역을 나누는 것이 일반적이다. 다만 여기서는 출력을 위해서 div태그를 사용하였다. 즉 output인 div태그가 있는 데 나중에 서버에서 실행되는 코드를 실행하고 나서 그 결과를 표시하기 위한 div를 남겨놓았다. 이름과 암호 학번을 입력할 수 있는 입력태그가 있고 라인51의 버튼은 이렇게 입력된 정보의 제출을 위한 버튼이다. 이 버튼을 클릭하면 onclick에서 submitform()함수가 실행되도록 연결돼있음을 알 수 있다.

submitform함수는 라인 8에서 21까지에 자리하고 있다. 라인10-12는 input태그에서 입력된 정보에 접근하기 위해서 각 태그에 참조를 하였다. 라인14부터는 이름과 암호가 입력된 경우에만 서버에 있는 UpdateID함수를 호출할 수 있게 돼있다. 이 함수를 호출할 때 이름과 패스워드 그리고 학번을 인수로 넘겨준다. 즉, 이름과 패스워드 등을 입력하고 나서 제출버튼을 누르면 submitform함수가 호출되고 이름과 패스워드가 빈칸이 아닌 경우에만 서버에 있는 UpdateID함수를 이름, 패스워드, 그리고 학번을 인수로 하여 넘겨준다.

이렇게 UpdateID함수를 호출하고 나서 성공적으로 종료되는 경우 UpdateID함수가 되돌려주는 값을 인수로 하여 onSuccess함수가 호출된다. onSuccess함수에서는 메시지를 표시하기 위해 남겨 둔 아이디가 display인 div태그를 이용하여 그 내용을 출력한다. 그리고 라인29-30은 이 홈페이지가 최초 한 번 호출될 때 실행되게 돼 MyFuncion()함수를 호출한다. 이 과정을 순서도로 표시하면 다음과 같다.

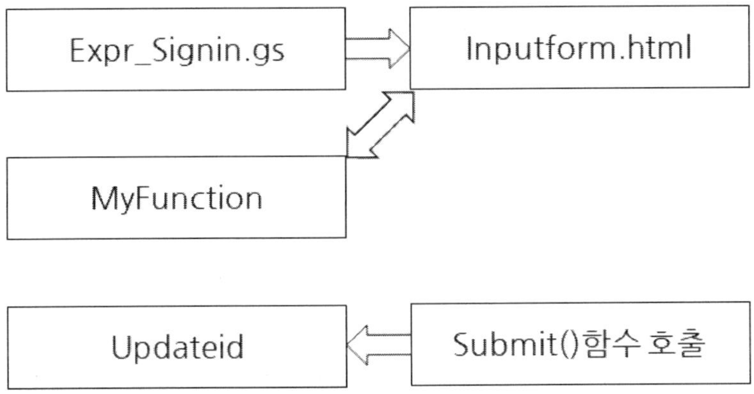

우선 외부 사이트 등에서 Expr_Signin 웹앱을 최초로 호출하면 doGet함수에서 inputform.hrml을 읽어서 출력하게 된다. 사용자는 29와 같은 화면을 보게 된다.

```
function  doGet () {
    var  template  = HtmlService
.createHtmlOutputFromFile('InputForm');
    return  template ;
}
```

코드 44

inputform을 읽게 되면 클라이언트의 자바스크립트인 라인29-30에서 서버의 MyFunction()함수를 호출한다. 이는 이 inputform.html을 웹브라우저가 읽으면서 바로 발생하는 일이다. 아래는 myFunction코드이다.

```
function  Myfunction ()
{
  var  pos , msg ;
  var mysheet  = SpreadsheetApp .openById
('**시트파일id**');
  var CurSession  = mysheet .getSheetByName
('Parameters').getRange (2 ,2 ).getValue ();
```

```
8
9         switch  (CurSession ) {
10          case  0 :
11            msg
12     = '실험 참가자 등록기 버전 21-04-30 by 장두석\r아직 실험이 시작
13    하지 않았습니다.';
14            break ;
15
16          case  1 :
17            msg
18     = '아직 이름과 패스워드를 등록하지 않았다면 아래에서 등록을 해주
19    세요. 제출(submit) 버튼은 한 번만 눌러주세요. 여러번 등록될 수 있
20    습니다.'
21            break ;
22
23          case  2 :
24            msg  = '실험이 시작하였습니다.';
25            break ;
26        }
27        console .log (msg );
28        return  msg ;
29      }
```

코드 45

일단 myfunction이 시작하면 라인5에서 Configuration파일의 참조한다. 각자가 사용하는 파일에 따라 "**시트파일id**"값은 다르게 입력된다. 라인 6,7에서 Configuration 파일에서 "Parameters"라는 이름을 가진 시트를 참조하여 (2,2)셀의 값을 불러온다. CurSession = mysheet .getSheetByName ('Parameters'). getRange (2 ,2).getValue ();

Configuaration 파일의 (2,2) 즉 표4의 B2셀의 값을 참조할 수 있다. B2셀의 값에 따라서 CurSession의 값이 달라진다. 0일 경우 현재 단계가 실험시작 전, 1일 경우 학생 등록단계, 2일 경우 실험 중인 단계이다. 나중에 연구자가 이 값을 설정값을

변경함으로서 현재 실험의 단계를 결정할 수 있다.

CurSession값에 따라서 스위치의 다른 케이스가 실행된다. 값이 0인 경우, 즉 실험 시작 전인 단계에서는 msg변수에 "실험 참가자 등록기 버전 21-04-30 by 장두석 \r아직 실험이 시작하지 않았습니다."가 입력되고 스위치 문에서(break) 탈출한다. 참고로 이 문장 "\r"이라는 이스케이프 표현이 사용되었다. 이스케이프 문자는 문자열에서 일반적인 문자가 아닌 특수한 표현을 하기 위해 사용된다. 여기서는 문장의 줄을 바꾸기 위해서 사용하였다. 이스케이프 표현에 대한 설명은 부록에 추가하였다.

CurSession의 값이 1인 경우 현재 학생등록 단계이고 "아직 이름과 패스워드를 등록하지 않았다면 아래에서 등록을 해주세요. 제출(submit) 버튼은 한 번만 눌러주세요. 여러 번 등록될 수 있습니다."와 같은 문장이 메시지 변수에 입력된다. 마지막으로 현재 게임이 진행 중인 경우 "실험이 시작하였습니다."라는 문장이 입력된 후 이 msg변수를 리턴하고 종료한다.

예를 들어 표4의 B2셀의 값이 0인 경우, CurSession은 0이고 따라서 아직 실험이 시작되지 않았다는 메시지를 되돌려 준다. inputform.html으로 진행이 되돌아오면 onSuccess함수를 호출하게 되는 데 여기서 아이디가 "display"인 div태그에 그 내용을 출력하게 된다. 이러한 방식의 데이터 교환은 계속 반복하게 되므로 이해할 필요가 있다. 사실 이러한 방식이 익숙해지면 다른 방식 doGet이나 doPost를 이용한 방식도 이해가 갈 것이다.

만약 현재 단계가 1이라고 하자. 학생들은 그림3과 같은 화면에서 이름과 패스워드를 입력하고 제출버튼을 누르게 된다. 코드46의 라인 51, 52를 참조하면 제출버튼이 클릭되게 되면 SubmitForm()이라는 함수가 호출되게 된다. SubmitForm함수에서는 이름과 패스워드, 그리고 학번 등의 정보를 인수로 다시 UpdateID 함수를 호출하게 된다. 아래는 UpdateID함수의 코드이다.

```
function  UpdateID (myName , myPass , mySID )
{
var  pos , msg ;
var mysheet  = SpreadsheetApp .openById
```

```
    ('**시트파일id**');
    var ParamSheet  = mysheet .getSheetByName ('Parameters');
    var CurSession  = ParamSheet .getRange (2 ,2 ).getValue
    ();
    var SubjectSheet  = mysheet .getSheetByName ('Subjects');
    var Maximum_Subject = ParamSheet .getRange (21 ,2 ).getValue
     ();

      switch  (CurSession ){
        case  0 :
          msg  = '아직 실험이 시작하지 않았습니다.';
          break ;

        case  1 :
        pos  = IsSubjectin (myName );
            if  (pos <2 ) {

              // 이 사람의 정보가 존재하지 않는 경우 입력을 한다.
               pos  = SubjectSheet .getLastRow ();
               if  (Maximum_Subject >pos -1 ) {
                 if  (pos ==1 ) {SubjectSheet .getRange (pos +1 ,1
 ).setValue (1 );}
                 else  {SubjectSheet .getRange (pos +1 ,1
 ).setValue (SubjectSheet .getRange (pos ,1 ).getValue ()+1
    );}

               SubjectSheet .getRange (pos +1 ,3 ).setValue
    (myName );
               SubjectSheet .getRange (pos +1 ,4 ).setValue
    (myPass );
               SubjectSheet .getRange (pos +1 ,5 ).setValue
    (mySID );

```

```
                msg
 = '당신의 이름과 패스워드가 등록되었습니다. 실험의 진행을 위해서
 지금 입력한 아이디와 패스워드를 기억하기를 바랍니다.';

                 }
                 else  {
                   msg
 = '현재 필요한 실험참가자의 숫자를 넘어가서 더이상 등록할 수 없
습니다.'
                 }
              } else  {
                msg
 = '당신의 정보가 이미 기록되어 있습니다. 또한 당신의 ID는 '
  + pos
 + '입니다. 지금 입력한 패스워드와 학번을 업데이트 합니다.\r’
  ;
                SubjectSheet .getRange (pos ,4 ).setValue
  (myPass );
                SubjectSheet .getRange (pos ,5 ).setValue (mySID
  );
              }
            break ;

          case  2 :
            if (IsSubjectin (myName )>1 ) {
              msg
 = '실험이 진행중입니다. 이름과 패스워드(4자리 숫자)를 입력해야
실험을 진행할 수 있습니다.';
            }
            else  {
              msg
 = '실험 진행 중입니다. 현 페이지에서 실험참가를 진행할 수 없습니
다.';
```

```
71             }
72             break ;
73         }
74         return  msg ;
75         console .log ("호출은 성공했습니다.");
76     }
```
코드 46

우선 updateID는 myName, myPass, mySID를 인수로 받는 함수이다. 라인4는 Configuration 파일 참조하기 위한 변수이다. 라인6은 Configuration 함수에서 이름이 "parameters"인 시트를 참조하는 변수를 생성한다. 라인7은 이전과 같이 parameters시트의 B2셀을 참조하여 현재 단계를 불러온다. 라인9는 이름이 "subjects"인 시트를 참조하는 변수를 생성한다. subjects 시트는 이번 실험에 참가하는 학생들의 정보를 입력하기 위한 시트이다. Subjects시트는 아래와 같이 구성되어 있다. 라인21은 현재 설정된 학생 수를 참조하는데 Parameter 시트의 B21의 값을 참조한다.

〈표5〉 Subjects 시트

	A	B	C	D	E	F	G	H	I
1	ID	Email	Name	Pass word	SID	Treat ment	Rd 1	Rd 2	Rd 3
2	1		AAA	1234	1234 5678				
3	2		BBB	1111	2345 6789				
4	3		CCC	2222	3456 7890				
5	4		DDD	3333	4567 8901				
6									
7									

이전과 마찬가지로 CurSession은 Parameters 시트의 B2셀을 읽어서 Phase값을 저장한다. 만약 현재 세션이 0일 경우 아직 실험이 시작하지 않았다는 메시지를 되돌려 준다. 만약 현재 세션이 1일 경우 인수로 입력된 이름이 Subjects 시트

에 존재하는 지를 IsSubjectIn이라는 함수를 이용하여 확인한다. 아래는 IsSubjectIn 함수를 설명해 놓았는데 현재 SubjectSheet에는 전역변수를 통해서 subjects 시트를 참조하고 있는 객체이다. subjects객체의 3열이 이름을 포함하고 있는데 주어진 이름 subjname이 subject시트에 존재하는 지를 확인한다. 만약 동일한 이름이 존재한다면 동일한 이름을 가진 행을 되돌려 준다. 만약 끝까지 찾아서 같은 이름을 가진 사람이 없다면 -1을 돌려준다.

```
function  IsSubjectin (SubjName )
{
  var  Name ;

  for (var  i =2 ;i <=SubjectSheet .getLastRow ();i ++) {
    Name  = SubjectSheet .getRange (i ,3 ).getValue ();
    if  (SubjName ==Name ) {
      return  i ;
    }
  }
  return  -1 ;
}
```
코드 47

코드46의 라인20을 보면 pos는 IsSubjectIn을 통해서 입력된 이름이 Subject시트에 존재하는지를 확인한 후 그 절대적 위치를 되돌려 준다. 만약 해당 이름이 Subject시트에 있다면 1보다 큰 위치를 되돌려 줄 것이므로 그 값을 가지고 있는 pos가 2보다 작은 경우는 해당 이름을 찾지 못한 것으로 간주할 수 있다. 이 경우 이름은 Subjects 시트에 새로운 이름과 관련 정보를 입력하면 등록이 된다.[22)]

22) 사실 구글 시트에서 이름이 일치되는 자료를 찾는 방법은 for 문을 사용하지 않고 IndexOf나 find함수를 사용해서 찾는 것도 가능하다. 다만, 구글 시트의 셀을 읽어올 때 getValues()를 사용하게 되면 그 값을 2차원 배열로 읽어온다. 즉 위 코드를 아래와 같이 작성할 수 있다.

```
function IsSubjectin2(SubjName) {
  var mylist = SubjectSheet.getRange(2,3,SubjectSheet.getLastRow()-1,1).getValues();
```

SubjectSheet.getLastRow()를 통하여 이름이 저장된 마지막 행 번호를 확보한 후 만약 이 실험에 등록할 수 있는 최대 숫자, Maximum_Subject 넘지 않을 경우 지금 입력된 이름을 등록한다. 예를 들어, 최대 학생 수가 45명인데 만약 마지막 행의 위치가 45라면 2행부터 학생의 이름이 등록되었기 때문에 실제 등록된 학생 수는 44명 (=pos-1)이 된다. 따라서 아직 한 명 더 등록할 수 있다. 그리고 마지막 줄에 이름, 패스워드, 학번 등의 정보를 입력한 후 "당신의 이름과 패스워드가 등록되었습니다. 실험의 진행을 위해서 지금 입력한 아이디와 패스워드를 기억하기를 바랍니다."라는 메시지를 되돌려 준다.

만약 동일한 이름이 반견된 경우 이 학생의 패스워드와 학번을 기존의 자료에서 업데이트 한다. 만약 현재 단계가 2단계로 이미 실험이 시작되었다면 "이미 실험이 시작되었습니다."는 정보를 되돌려주고 아무런 활동을 하지 않는다.

결국 UpdateID는 입력된 이름을 Subject시트에 입력하는 역할을 수행한다. 입력된 이름이 이미 존재한다면 패스워드와 학번을 업데이트한다.

3) 학생할당

실험에서 가장 중요한 부분 중의 하나는 학생들을 조작에 임으로 할당(random

```
    var pos= mylist.findIndex(element => element == SubjName);
    if (pos>0) {
      return pos+2;
    } else {
      return -1;
    }
}
```

위의 예에서 mylist는 2차원 배열로 subjects 시트의 데이터를 가져온다. 이 때 배열의 findIndex를 사용해서 주어진 SubjName의 상대적인 위치를 구할 수 있다. 그런데 이 경우 indexOf를 사용하면 실수가 발생한다. 아마도 findIndex는 nX1차원 배열도 1Xn차원 배열과 동일하게 검색을 하는 것 같지만 indexOf는 오직 1차원 배열에서 검색을 하는 것으로 추정된다. 다만 검색을 할 때 이렇게 findIndex 함수를 사용하는 것과 for 문을 사용하여 검색하는 것 중 어떤 것이 더 효율적인지는 알 수 없다.

만약 indexOf를 사용한다고 하면 nX1차원 배열을 1차원 배열로 변환 후 indexOf를 사용해야 한다. 이 과정에서 그 만큼 시간이 소요될 것이다. 그리고 Expr_RaceWar에서도 로그인 정보를 유지할 때 동일한 알고리즘을 사용할 수 있다.

sampling)하는 것이다. 그런데 생각보다 이게 쉽지는 않다. 예를 들어 20명의 학생을 조작1과 조작2에 할당한다고 하자. 다음과 같이 할당을 하자. 예를 들어 주사위를 던져서 짝수가 나오면 조작1에 할당을 하고 홀수가 나오면 조작2에 할당을 한다. 짝수와 홀수가 나올 확률은 각각 0.5임으로 임의할당에 큰 문제는 없다. 그런데 현실에서는 20명을 할당하려다가 보면 반드시 10명이 조작1에 나머지 10명이 조작2에 할당된다는 보장이 없다. 예를 들어 12명이 조작1에 8명이 조작2에 할당될 수 있다. 이 경우 최악의 경우 조작 당 학생들의 숫자를 동일하게 맞춰야 한다면 조작1에 더 많은 4명의 학생들이 이 실험에 참여하지 못하고 각 8명씩 총 16명만 실험에 참가할 수도 있다. 이렇게 할당하는 방법을 불균형 설계(unbalanced design)이라고 칭한다. 이 경우 학생들이 조작1과 조작2에 할당될 확률은 정확하게 0.5가 되지만 주어진 학생을 모두 활용할 수 있다는 보장이 없다. 물론 처음부터 실험의 설계가 두 조작 당 같은 학생 수를 할당해야 할 필요가 없다면 크게 상관은 없다.

반면에 조작 당 같은 수의 학생 수를 할당하도록 실험이 설계되었거나 혹은 제한된 자원을 모두 활용하기를 원할 수 있다. 예를 들어 20명의 학생들이 실험에 참가했는데 각 10명씩 조작 1과 2에 할당할 수 있다. 기술적으로는 가능하며 다만 이 경우 한 학생이 조작1에 할당될 확률은 0.5가 아닐 수 있다. 뒤에 할당할수록 이 확률이 왜곡된다. 예를 들어, 순차적으로 2명의 학생을 조작1과 조작2에 할당한다고 하자. 학생1이 조작1에 이미 임의로 할당됐다고 하자. 그럼 학생2는 조작1(조작2)에 할당될 확률은 0%(100%)이다. 이러한 설계를 균형 설계(balanced design)라고 한다. 학생이 4명일 경우를 생각해보자. 2명까지는 모두 조작1과 2에 할당될 확률은 0.5이다. 세 번째 학생부터 왜곡된다. 학생3이 조작1에 할당될 확률은 학생1과 학생2가 모두 조작1에 할당될 확률에 제외하고 발생할 수 있으므로 다음과 같다.

$$\left(1-\frac{1}{2}\cdot\frac{1}{2}\right)\cdot\frac{1}{2}=\frac{3}{8}<0.5$$

즉 조작1에 할당될 확률은 0.5보다 작다. 이 예제에서 관찰할 수 있는 것처럼 다만 학생 수가 커질수록 이 왜곡은 줄어든다. 여기서는 처음부터 학생 수를 정해놓고 실험을 진행하기 때문에 균형 설계를 디자인한다. 특히 수업에서 실험을 할 때는 엄밀한 임의할당보다 오히려 학생들이 참여하게 만드는 것이 더 중요하기 때문이다.

참고로 불균형 설계의 경우 하나의 기준에 의해서 할당하면 되기 때문에 코딩 차원에서는 매우 간단하다. 예를 들어 Math.random()>0.5와 같을 경우 조작1을 그렇지 않을 경우 조작2를 할당하면 불균형 설계에 의해서 임의 할당이 된다. 물론 조작당 같은 학생 수가 할당된다는 보장은 없다.

기술적으로 임의할당을 하기 위해서는 난수발생기가 필요하다. 일반적으로는 난수의 발생은 각 컴퓨터가 가지고 있는 전자시계를 이용하여 난수를 발생한다. 컴퓨터에 내제된 전자시계가 매우 빠르게 변하고 있는데 특정 시점에 시간을 확인하는 것을 근거로 난수를 만들 수 있다. 이를 Math.random()를 사용하여 숫자를 얻는 데 출력하면 0과 1사이에 임의의 숫자를 되돌려 준다. 엄밀하게는 0을 포함하는 0부터 1을 포함하지 않고 1보다 작은 임의의 값을 출력한다. 아래는 균형설계의 예제이다.

```
    function  Assign_Subject ()
    {
      mysheet  = SpreadsheetApp .openById ('**시트파일id**');
      var  SUBJECTS  = mysheet .getSheetByName ('Subjects');
      var  PARAMS  = mysheet .getSheetByName ('Parameters');
      var  GroupNumber  = PARAMS .getRange (10 ,2 ,10 ,1
  ).getValues ();
      var  GroupMemberNumber = PARAMS .getRange (10 ,3 ,10 ,1
  ).getValues ();
      var  Strangers  = PARAMS .getRange (10 ,4 ,10 ,1 ).getValues
  ();
      var  Treatment  = PARAMS .getRange (5 ,2 ).getValue ();
      var  Round  = PARAMS .getRange (6 ,2 ).getValue ();

      // 조작 할당
      var  mygroup ;
```

```
    var  trarray  = new  Array (Treatment );
    for (var  i =0 ;i <Treatment ;i ++) {
      trarray [i ]=0 ;
    }

    for (var  i =2 ;i <=SUBJECTS .getLastRow ();i ++) {
      while  (true ) {
        mygroup  = Math .floor (Math .random ()*Treatment );
        if  (trarray [mygroup ]<GroupMemberNumber[mygroup
]*GroupNumber [mygroup ]) {
          break ;
        }
        console .log (trarray [mygroup ]);
      }
      trarray [mygroup ]++;
      SUBJECTS .getRange (i ,6 ).setValue (mygroup +1 );
    }

    //Group 할당
    var  imsi_group  = new  Array (10 );
    for (var  i =0 ;i <10 ;i ++) {
      imsi_group [i ] = new  Array (25 );
    }

    var  myTR , group ;
    for (var  i =0 ;i <10 ;i ++) {
      for (var  j =0 ;j <25 ;j ++) {
        imsi_group [i ][j ]=0 ;
      }
    }

    for (var  i =1 ;i <=Round ;i ++) {
```

```
        //imsi_group 초기화
        for (var  r =0 ;r <10 ;r ++) {
         for (var  j =0 ;j <25 ;j ++) {
          imsi_group [r ][j ]=0 ;
          }
        }

        //Column 이름 입력
        SUBJECTS .getRange (1 ,6 +i ).setValue ("Rd "+i
+" Group");

        if (i ==1 ) {
          for (var  j =2 ;j <=SUBJECTS .getLastRow ();j ++) {
            myTR  = SUBJECTS .getRange (j ,6 ).getValue ();
            while  (true ) {
              group  = Math .floor (Math .random ()*GroupNumber
[myTR -1 ]);
              if  (imsi_group [myTR -1 ][group
]<GroupMemberNumber[myTR -1 ]) {
                break ;
              }
            }
            imsi_group [myTR -1 ][group ]++;
            SUBJECTS .getRange (j ,6 +i ).setValue (myTR *100
+group +1 );
          }
        } else  {
          for (var  j =2 ;j <=SUBJECTS .getLastRow ();j ++) {
            myTR  = SUBJECTS .getRange (j ,6 ).getValue ();
            if (Strangers [myTR -1 ]=="false") {
                SUBJECTS .getRange (j ,i +6 ).setValue (SUBJECTS
.getRange (j ,5 +i ).getValue ());
```

```
81              } else  {
82
83                while  (true ) {
84                  group  = Math .floor (Math .random ()*GroupNumber
85      [myTR -1 ]);
86                  if  (imsi_group [myTR -1 ][group
87      ]<GroupMemberNumber[myTR -1 ]) {
88                    break ;
89                  }
90                }
91                imsi_group [myTR -1 ][group ]++;
92                SUBJECTS .getRange (j ,6 +i ).setValue (myTR *100
93      +group +1 );
94              }
95            }
96          }
97        }
98      }
```
코드 48

라인3-6은 Configuration 함수의 parameter시트, subject시트를 참조하기 위한 변수를 생성하였다. 라인6-11은 파라매터 시트에 있는 각 라운드 당 그룹 수와 그룹 당 학생 수를 배열로 참조하였다. 라인16-20은 조작개수만큼의 방을 가지는 trarray를 만들고 0으로 초기화를 하였다[23]. trarray는 학생들에게 조작을 할당하는 과정 중에 현재까지 몇몇의 학생이 각 조작에 할당되었는지를 알려주는 배열이다. 예를 들어 trarray[1]=2라고 하면 조작2에 지금까지 2명의 학생이 할당된 것을 나타낸다.

라인22-33까지는 학생들이 할당될 조작을 균형설계로 할당하는 코드이다.

```
mygroup  = Math .floor (Math .random ()*Treatment );
```

23) 여기서는 직관적으로 코드를 만들었지만, 부록을 참고하여 trarry.fill과 같은 매소드를 이용하여 초기화할 수 있고 사실 이렇게 하는 것이 더 수월하다.

Math.random()*Treatment는 0과 조작개수 사이의 임의의 숫자를 출력한다. Math.floor(x)는 x보다 작거나 같은 가장 큰 정수를 돌려준다. 예를 들어 Math.floor(1.333)는 1을 출력한다. 따라서 Math.random() * Treatment의 값에 따라 mygroup은 다음과 같은 값을 가진다. 예를 들어, 위 값을 x라고 할 때 $0 \leqq x < 1$이면 0을, $1 \leqq x < 2$이면 1의 값을 갖는다. 그리고 $Treatment - 1 \leqq x < Treatment$일 경우 Treatment – 1의 값을 가진다. 즉, mygroup은 임으로 선택된 조작변수의 값이다. 그리고 x는 1보다 작은 수를 돌려주기 때문에 0부터 Treatment-1까지의 값을 가지게 된다.

```
while (true ) {
        mygroup = Math .floor (Math .random ()*Treatment );
        if (trarray [mygroup ]<GroupMemberNumber[mygroup ]*GroupNumber
[mygroup ]) {
            break ;
        }
    }
    trarray [mygroup ]++;
    SUBJECTS .getRange (i ,6 ).setValue (mygroup +1 );
}
```

GroupMemberNumber[mygorup]은 해당조작에 한 그룹에 들어가야 하는 학생 수이다. 그리고 GroupNumber[mygroup]은 해당 조작에 필요한 그룹의 개수이다. 따라서 이 곱은 하나의 조작에 필요한 최대 학생 수가 된다. trarray배열에는 해당 조작에 할당된 학생 수 임으로 현재 할당된 학생 수가 최대 학생 수보다 작은 한 while 문을 반복하게 된다. 조작이 1, 2, 3개라고 하자. 각각 학생을 10명씩 최대로 할당해야 한다고 하자. 그런데 이미 1, 2에 10명이 할당돼 있다면 이 루프는 mygroup이 3 (기술적으로는 2)가 나올 때까지 계속 반복한다. 이 경우는 오직 3이 나올 때만이 무한루프에서 탈출한다. 해당 그룹에 할당해도 될 경우 trarry배열의 값을 증가하고, Subject시트의 해당 학생의 6열에 할당된 학생의 조작번호를 저장한다. 결국 모든 그룹은 그 그룹에서 정한 학생 수를 채울 때까지 while함수를 계속 반복한다.

그룹할당도 동일한 과정을 거치나 자세한 설명은 생략한다. 다만, 그룹할당의 경우 그룹은 각 조작 내에서 임의로 그룹을 할당해야 하며 라운드만큼 그룹할당을 반복해야 한다. 다만, 해당 조작이 stranger 할당을 한다면 매 라운드 마다 다른 그룹을 할당해야 하는 반면 stranger 할당을 하지 않는다면 최초 1라운드에서 그룹할당을 한 경우 이 그룹을 마지막 라운드까지 모두 동일하게 유지된다.

또한 그룹을 할당할 때 기술적으로 각 조작마다 동일 숫자의 그룹숫자가 존재할 수 있다. 예를 들어, 조작1의 그룹1과 조작2의 그룹1과 같은 경우이다. 만약 그룹의 숫자만을 이들을 구분하기 위해 저장한다면 이후에 해당 학생의 그룹과 조작이 몇 번인지 확인하기 위해서 다시 조작 셀을 참조해야 하기 때문에 처음부터 그룹번호에 조작번호를 조합하여 입력하였다. 즉 그룹숫자에 저장된 숫자는 '조작×100+그룹번호'와 같이 조합되있는데 예를 들어 한 학생이 조작2에 그룹3에 할당되었다면 203의 숫자를 할당받는다. 이렇게 할당하면 나중에 코드에서 이 학생이 할당된 조작과 그룹번호를 동시에 확인할 수 있다.

4) 공공재 실험: routine 함수 분석

마지막으로 실제 실험을 진행하는 코드를 설명한다. 이 부분은 구현하고자 하는 실험이나 게임마다 모두 다르게 코딩이 되어야 하는 부분임으로 위에서 제시한 수정된 공공재 게임에 있어서만 의미를 가진다. 그럼에도 여기에서 사용된 코드나 기술은 다른 종류의 코드를 작성하는 데 재사용되거나 다시 이용될 수 있다는 데 그 의의가 있다.

우선 주요코드는 GAS의 코드를 담고 있는 Expr2_RaceWar와 html코드를 담고 있는 index.html로 구성돼 있다. 이미 지금까지 반복적으로 설명한 것처럼 특정 사이트에서 Expr2_Race 웹앱이 호출되면 먼저 doGet함수가 실행된다.

```
function  doGet (e )
{
```

```
  return  HtmlService .createHtmlOutputFromFile('index');
}
```

doGet함수는 index.html 파일을 즉시 출력하고 웹브라우저는 이렇게 전송된 index파일을 웹브라우저에 출력해서 사용자가 볼 수 있게 된다. index.html코드는 다음과 같다.

```
<!DOCTYPE  html >
<html >
  <head >
    <base  target ="_top">

    <style >
      table {
            border: 2px  solid ; border-collapse: collapse
; text-align: center ;
      }
      tr , td { border: 1px  solid ; padding: 10px  5px ;}
    </style >

  </head >

  <script >
    function  onSuccess2 (msg )
    {
        var  hnd  = document .getElementById ('display');
        hnd .innerHTML =msg ;
    }

    function  Contribute ()
    {
```

```
        var  hnd_myid  = document .getElementById ('myid');
        var  hnd_mypass  = document .getElementById
  ('mypass');
        var  hnd_mycont  = document .getElementById
  ('mycont');

        google .script .run .withSuccessHandler(onSuccess
).mySubmit (hnd_myid .value , hnd_mypass .value , hnd_mycont
.value );

        hnd_mycont .value ="";
        setTimeout (clientRoutine ,4000 );
      }

      function  clientRoutine ()
      {
        var  hnd_myid  = document .getElementById ('myid');
        var  hnd_mypass  = document .getElementById
  ('mypass');
        if (hnd_myid .value !="" & hnd_mypass .value !="") {
          google .script .run .withSuccessHandler(onSuccess
).routine (hnd_myid .value , hnd_mypass .value );
        }
      }

      function  login ()
      {
        var  hnd_myid  = document .getElementById ('myid');
        var  hnd_mypass  = document .getElementById
  ('mypass');
        var  hnd_loginbtn  = document .getElementById
('mylogin');
```

```

        if (hnd_loginbtn .value =="login") {
          if (hnd_myid .value !="" & hnd_mypass .value
  !="") {
            hnd_myid .style .display ='none';
            hnd_mypass .style .display ='none';
            hnd_loginbtn .value ="logout";
            google .script .run
  .withSuccessHandler(onSuccess ).routine (hnd_myid .value
 , hnd_mypass .value );
          } else  {
          }
        } else  {
            hnd_myid .value ="";
            hnd_mypass .value ="";
            hnd_myid .style .display ='block';
            hnd_mypass .style .display ='block';
            hnd_loginbtn .value ="login";
        }
      }

    function  ShowRules ()
    {
      var  hnd  = document .getElementById ('display');
      var  hnd_btn  = document .getElementById ('mydir');
      var  hnd_submit  = document .getElementById
  ('mysubmit');

      if (hnd_btn .value =="규정집 보기") {
        hnd .innerHTML  = "**규정집 내용**";

        hnd_submit .style .display =true ;
```

```
          hnd_btn .value ="규정집 끄기";
        } else  {
          hnd_btn .value ="규정집 보기";
          hnd_submit .style .display =false ;
          clientRoutine ();
        }
      }
      </script >

      <body >
      <div >
        이름:     <input  type ="text" id ="myid">
        패스:     <input  type ="password" id ="mypass">
        <input  type ="button" onclick ="login()" id
="mylogin" value ="login">
      </div >
      <table >
        <tr ><td >
      <div  id ="display">
      </div >
       </td ></tr >
      </table >
      <div >
        이번 라운드에서 얼마를 투자하겠습니까?
        <input  type ="text" id ="mycont">
        <input  type ="button" id ="mysubmit" value
="제출" onclick ="Contribute()">
        <input  type ="button" value ="Refresh" onclick
="clientRoutine()">
      </div >
      <div >
        <input  type ="button" id ="mydir" value
```

```
="규정집 보기" onclick ="ShowRules()">
        </div >
        </body >
      </html >
```
코드 49

body를 먼저 살펴보면 첫 번째 div태그에서 다음과 같은 입력 폼을 설계하였다. 이 입력 폼은 이전에 실험 등록 단계에서 등록을 한 학생들만 이 실험에 참가하게 만들기 위한 장치이다. 만약 이런 장치가 없다면 이 웹앱에 접속하는 모든 사람이 이 실험에 참가할 수 있게 된다.

```
<div >
  이름:  <input  type ="text" id ="myid">
  패스:  <input  type ="password" id ="mypass">
  <input  type ="button" onclick ="login()" id ="mylogin" value ="login">
</div >
```

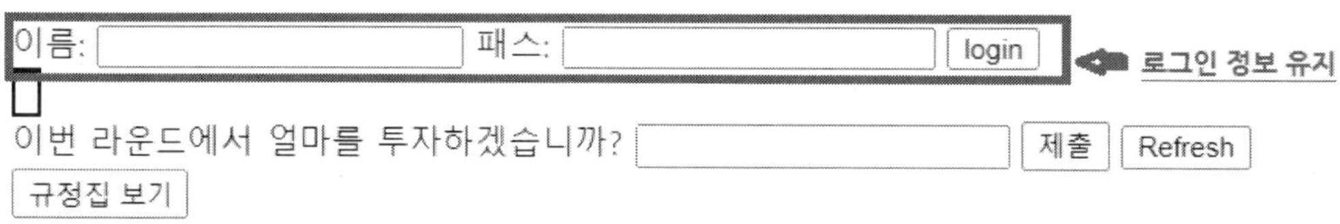

〈그림4〉 실험 실행 시 로그인 정보 입력 화면

이는 마치 아이디와 암호를 이용하여 일반적인 사이트에 로그인을 한 후 로그인을 유지하는 것과 같은 효과를 내야할 필요가 있을 때 사용하는 방법이다. 일반적인 경우에는 소위 이러한 로그인 등의 정보를 저장하는 쿠키(Cookie)를 이용하여 로그인을 유지하겠지만 여기서는 간단하게 로그인을 정보를 입력폼의 값(value)에 유지함으로서 로그인을 유지한다. 한마디로 보안에 취약하다는 뜻이다. 그러나 우리는 매우 엄중하게 어떤 정보를 보호하는 것이 아니라 간단히 실험 참가자를 구분하는 것에 그치기 때문에 이 정도로 큰 문제는 없어 보인다. 아이디와 패스를 입력하고 로그인 버튼을 누르면 login()함수가 호출된다.

```
if (hnd_loginbtn .value =="login") {
  if (hnd_myid .value !="" & hnd_mypass .value !="") {
    hnd_myid .style .display ='none';
    hnd_mypass .style .display ='none';
    hnd_loginbtn .value ="logout";
    google .script .run .withSuccessHandler(onSuccess ).routine (hnd_myid
.value , hnd_mypass .value );
  } else  {
  }
} else  {
    hnd_myid .valuc ="";
    hnd_mypass .value ="";
    hnd_myid .style .display ='block';
    hnd_mypass .style .display ='block';
    hnd_loginbtn .value ="login";
}
```

로그인 함수는 아이디와 패스워드 입력값을 참조하는 변수를 생성한 후 위와 같이 처리한다. 우선 **hnd.loginbtn**은 로그인 버튼을 참조하는 데 이 버튼은 2가지 모드가 있다. 하나는 이름과 패스워드를 입력하여 로그인을 하려고 하는 경우와 이미 로그인이 되어 있을 때 이 로그인을 해제 즉 로그아웃을 하려고 하는 경우이다. 각각의 경우를 따로 변수를 설정해서 표시할 수도 있지만[24] 로그인 버튼의 값을 다르게 표시하였다. 이제 로그인을 하려 하는 경우는 로그인 버튼의 value값을 "logout"으로 하고 이미 로그인 되어 있는 경우에 클릭한 경우 "login"으로 변경한다.

---

24) 이럴 때 사용하는 변수를 보통 플래그(flag)라고 한다. 플래그가 깃발을 의미함으로 깃발을 올렸을 때와 내렸을 때 두 가지의 상태를 표시하는 방법이다.

따라서 로그인 버튼의 value가 “login”인 경우 이 버튼을 클릭했고 아이디와 패스워드가 모두 입력된 경우라면 이름과 패스워드 인풋 등을 모두 더 이상 수정할 수 없게 display 특성값을 “none”으로 설정한다. 이렇게 display의 값을 “none”으로 설정하면 해당 인풋이 보이지 않는다. 이제 이름과 패스워드를 가지고 서버에 있는 routine함수를 호출한다. 만약 로그인 버튼이 이미 로그인 된 상황을 표시하는 “logout”의 값을 가지고 있을 때 클릭했다면 이름과 패스워드 인풋의 값을 모두 지우고 다시 로그인이 가능하도록 로그인 버튼의 값을 “login”으로 변경한다.

말하자면 현재 로그인 돼있는 상태인지 아니면 로그아웃된 상태인지를 확인하기 위해서 일종의 변수를 만들어야 하는데, 굳이 이렇게 하기보다는 버튼의 값(value)을 이러한 이런 용도의 변수로 사용한다는 뜻이다. 그래서 로그인 버튼의 값(value)이 이미 로그인된 경우라면 “logout”을 입력하고 아직 로그인을 해야 하는 상태라면 “login”을 입력한다.

서버에 있는 루틴함수는 반복적으로 호출되면서 각각의 상황에 대한 내용을 전달한다.

```
function  routine (myid , mypass )
{
  var  Hnd  = SpreadsheetApp .openById ('**시트ID**');
  var  SubjHnd  = Hnd .getSheetByName ('Subjects');
  var  ParamHnd  = Hnd .getSheetByName ('Parameters');
  var  ResHnd  = Hnd .getSheetByName ('Expr2_Result');
  var  SubjData  = SubjHnd .getDataRange ().getValues ();

  var  pos =-1 ;

  //학생 로그인 정보 찾기
  for (var  i =1 ;i <SubjData .length ;i ++) {
    if (SubjData [i ][2 ]==myid  & SubjData [i ][3
]==mypass ) {
      pos  = i +1 ;
```

```
          break ;
        }
      }

      if  (pos >1 ) {
        var  CurRound =ParamHnd .getRange (7 ,2 ).getValue ();
        var  CurSession =ParamHnd .getRange (2 ,2 ).getValue
    ();
        var  SubjKind  = SubjHnd .getRange (pos ,6 ).getValue
    ();
        var  SubjKindName , msg ="";

        switch (SubjKind ) {
          case  1 :
            SubjKindName  = "휴면";
            break ;

          case  2 :
            SubjKindName  = "오크";
            break ;

          case  3 :
            SubjKindName  ="언데드";
            break ;

          default :
        }

        if  (CurSession ==2 ) {

          switch (CurRound ) {
            case  1 :
            case  3 :
```

```
            case  5 :
            case  7 :
            case  9 :

            var  CurCrystal =ResHnd .getRange (pos ,13
    ).getValue ();

            msg  = "현재 5라운드 중 "+((CurRound +1 )/2
)+" 라운드입니다.<p><p>";
            msg  = msg +"당신은 " +SubjKindName
  +"입니다.<p><p>";

            if  (ResHnd .getRange (pos ,CurRound +1 ).getValue
()=="") {
              if (CurRound ==1 ) {
                msg  = msg +"현재 당신은 " + CurCrystal
+"개의 크리스털을 보유하고 있습니다. 이 정보는 1라운드만 제공됩니
다. 이후는 제출 시에만 남아 있는 크리스털 정보가 제공됩니다.<p><p
>";
              }
              msg = msg
+ "가지고 있는 크리스털 중 얼마를 당신의 종족에 기부하겠습니까
  ?";
            }
            else  {
              msg = msg
+"당신은 이미 크리스털을 기부하였습니다. 다음 라운드로 이동할때까
지 대기하십시오.";
            }

            break ;

            case  2 :
```

```
            case  4 :
            case  6 :
            case  8 :
            case  10 :
            msg ="<table><caption>결과표</caption>";

            for (var  i =100 ;i <104 ;i ++) {
              msg =msg +"<tr>";
              for (var  j =1 ;j <=7 ;j ++) {
                  msg =msg +"<td>"+ResHnd .getRange (i ,j
).getValue ()+"</td>";
              }
              msg =msg +"</tr>";
            }
            msg =msg +"</table>";

            if (CurRound ==10 ) {
              msg =msg +"<p>";
              msg =msg +"당신의 최종 점수는 " + ResHnd .getRange
(pos ,12 ).getValue () + "입니다.";
            }
            break ;
            default :
          }
          return  msg ;
        } else  {
          return  "아직 게임이 시작하지 않았습니다.";
        }
      }
      else  {
        return
 "아이디를 찾을 수 없습니다. 로그아웃을 한 후 다시 아이디와 비밀
번호를 입력하세요. ";
```

```
115         }
116     }
```
코드 50

우선 라인3-7은 configuration 시트를 참조하고 그 안의 parameter 시트, subjects 시트, 그리고 결과를 저장하는 results 시트를 접근하는 변수를 생성한다. routine함수에서 가장 처음 할 일은 전달받은 아이디와 패스워드를 기반으로 하여 로그인 정보를 찾는 것이다. 이미 학생 등록 단계는 종료되었으므로 학생들의 정보는 이미 subjects시트에 입력돼 있다고 가정해야 한다. 만약 아이디와 패스워드가 일치하는 등록된 학생 정보를 찾을 수 없다면 이 아이디는 실험에 등록되지 않은 사용자이기 때문에 실험에 참가할 수 없다.

참고로 학생들의 등록된 정보를 읽어오기 위해서 라인7에서 자료가 있는 모든 셀을 한 번에 SubjData로 읽어 들였다. 이렇게 하는 이유는 getRange().getValue()를 하나의 셀에 대해서 사용할 경우 매우 느리기 때문이다. 참고로 getDataRange는 데이터라 들어있는 셀의 범위를 담은 Range객체를 되돌려 준다.

라인11-18은 주어진 아이디와 패스워드와 일치하는 등록된 사용자의 위치를 찾는다. 이위치는 pos변수에 입력되는 데 그 값이 양수이면 등록된 사용자를 찾은 것이고 이 값이 2보다 작을 경우 등록된 사용자를 찾지 못한 것이다. 등록된 사용자를 찾지 못한 경우 라인111 이후가 실행되어 해당 아이디 정보를 찾을 수 없다는 메시지를 되돌려 준다. 물론 index.html에서는 이렇게 회신된 정보를 onSuccess를 통해서 표시하게 된다.

만약 등록된 사용자를 찾은 경우 현재 세션이 실험 중 (CurSession=2)인지를 확인한다. 만약 실험 중이 아니라면 더 이상 진행할 필요가 없기 때문이다. 참고로 조작1, 2, 3을 각각이 마치 하나의 그룹인 것처럼 할당하였다. 반드시 이렇게 할 필요는 없으면 하나의 조작과 3개의 그룹이 있다고 구성해도 아무런 문제가 없다. 각각의 그룹에 대해서 자신의 그룹을 나타내기 위해서 휴먼, 오크, 언데드를 심벌로 사용하였다.

또한 현재 세션이 실험 중이라면 (라인44) 현재의 라운드에 따라서 각각 다른 내용을 되돌려 준다. 이 게임은 이론상5개 라운드를 반복하는 것으로 설계되었지만 중간에 승패와 사용한 토큰 정보와 같은 정보를 표시하는 단계를 추가하였다. 그래서 기술적으로는 1(1라운드), 3(2라운드), 5(3라운드), 7(4라운드), 9(5라운드) 라운드가 실제로 크리스털을 기부하기 위한 단계로 사용되고 나머지 2, 4, 6, 8, 10은 각 라운드에서의 승패와 기부량 등의 정보를 제공하는 정보제공 단계로 사용한다.

굳이 이렇게 한 이후는 루틴함수의 특성에 있다. 설계된 루틴함수는 각 라운드에 따라서 제공하는 정보가 다르다. 그런데 학생들은 대략 10분 간 전략 토론 시간 동안 학생들에게 그 전 라운드의 결과를 보여준다. 따라서 기부를 하는 라운드와 정보만을 보는 라운드로 구분하는 것이 수월하기 때문이다. 반드시 이렇게 코딩될 필요는 없다. 하나의 예시이다.

따라서 라인46부터 확인할 수 있듯이 1, 3, 5, 7, 9 단계일 경우에는 현재 기부하고 남아있는 크리스털의 개수를 표시한 후 얼마를 기불할 것인지를 묻는 메시지를 되돌려 준다. 참고로 라인 47-51까지는 break가 없기 때문에 어떤 경우가 발생하더라도 case 9 이하의 내용이 실행되는 것을 알 수 있다. 라인 73부터는 정보를 표시하는 2, 4, 6, 8, 10라운드일 경우 결과를 표시하는 result 시트를 접근하는 ResHnd 변수를 이용하여 특정 지역에 저장된 라운드의 승패 결과를 복사하여 표시한다.

라운드의 특정 지역에는 학생들이 정보표시 단계에 보게 될 정보를 미리 저장했다. 말하자면 Result 시트의 100행부터 104행 1열부터 7열까지의 공간을 아래와 같은 라운드별 결과를 저장하는 공간으로 사용하였다. 그리고 라운드별 승패든 각 라운드가 진행될 때만 업데이트 되게 설계되었다.

〈표6〉 Results 시트

	A	B	C	D	E	F	G	H	I
100		1라운드	2라운드	3라운드	4라운드	5라운드	최종결과		
101	1등	Orc(46)	Human	Undead(3)	Orc	Undead(11)		Human	1
102	2등		Orc		Undead	Orc(5)	Orc Undead	Orc	2
103	3등	Human Undead	Undead	Human Orc	Human	Human	Human	Undead	2

표6은 Results시트의 A100:I103까지의 내용을 표시한 것이다. 위에서 설명한 것처럼 이 공간은 각 라운드가 끝났을 때 종합적인 그룹별 승패에 관련된 정보를 모은 것으로 예를 들어 정보를 제공하는 2, 4, 6, 8, 10라운드 일 때 해당 정보를 표시

한다. 라인86-96의 내용이며 html에 체계적으로 표시하기 위해서 <table>태그의 내용을 바탕으로 만들고 있다. 그리고 1, 3, 5, 7, 9라운드가 각각 끝나고 필요한 해당 정보를 업데이트한다.

요컨대 routine 함수는 다음과 같은 작업을 수행한다. 아이디와 패스워드를 입력받아서 등록된 아이디를 찾는다. 그리고 각 라운드마다 필요한 메시지를 출력한다. 예를 들어, 작 종족으로서 얼마를 기부할 것인지를 물을 수 있다. 또한 정보를 제공하는 라운드에서는 각 라운드 까지 기부 등수, 기부량 등과 같은 정보를 제공하는 역할을 한다.

다시 index.html로 돌아오면 로그인과 관련된 div태그 밑에 단순히 위와 같은 작업을 통해서 건네받은 msg 등을 표시하는 div 태그가 있다. 해당 태그의 아이디는 "display"이다. 그리고 그 밑에는 기부량을 입력받을 수 있는 text 입력 태그가 있다. 그리고 그 밑에는 아래와 같은 규정집을 표시할 수 있는 버튼이 추가되어 있다. 이 버튼이 클릭되었을 때 ShowRules()함수가 호출된다. 이 함수가 하는 역할은 아래와 같은 규정집을 화면에 뿌려주는 역할을 한다.

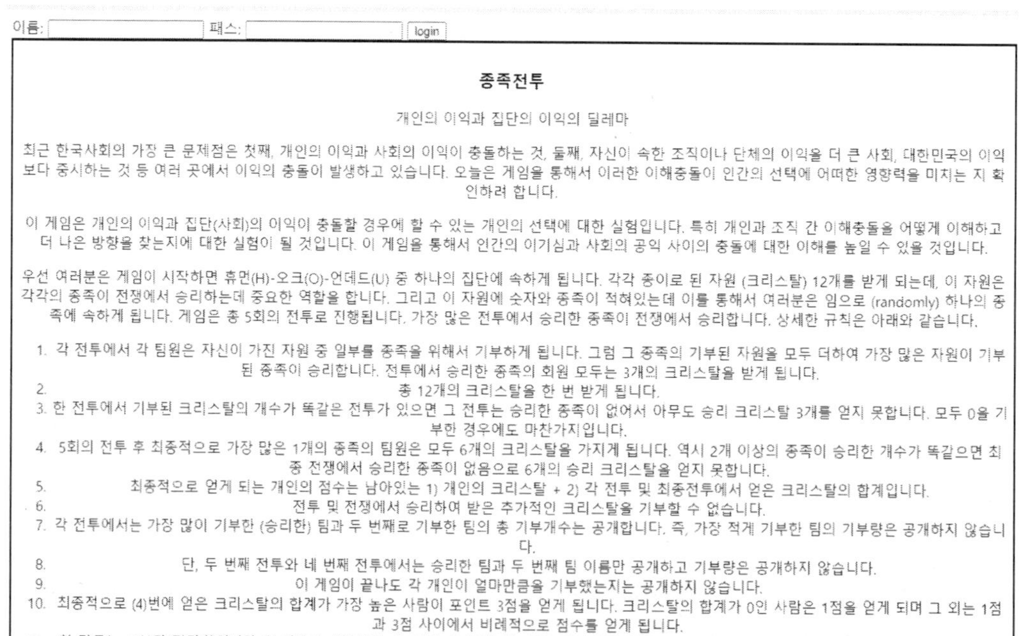

```
function ShowRules ()
  {
    var hnd = document .getElementById ('display');
    var hnd_btn = document .getElementById ('mydir');
    var hnd_submit = document .getElementById ('mysubmit');

    if (hnd_btn .value =="규정집 보기") {
      hnd .innerHTML = "**규정집 내용**";

      hnd_submit .style .display =true ;
      hnd_btn .value ="규정집 끄기";
    } else {
      hnd_btn .value ="규정집 보기";
      hnd_submit .style .display =false ;
      clientRoutine ();
    }
  }
```

이 함수는 "display"라는 아이디를 가진 div태그에 규정집의 내용을 보여주거나 끄는 역할을 하는 함수이다. 만약 규정집을 보여주는 버튼의 값이 규정집 보기 일 경우 이 버튼을 클릭했다면 규정집을 보여줘야 하는 상황이기 때문에 '**규정집 내용**'을 입력하여 규정집을 표시한다. 이 때 규정집 내용은 내용이 길어서 생략하였으나 그림4와 같은 내용을 표시하도록 설계된 html코드이다. 반면 만일 현재 규정집 버튼의 내용이 규정집 끄기로 되어 있다면 보이고 있던 규정집 내용을 삭제하는 역할을 한다. 역시 이전과 같이 규정집 버튼의 값(value)을 플래그로 사용하고 있다.

그리고 각자 기부할 수 있는 텍스트 박스와 기부 버튼이 존재한다. 그런데 이렇게 많은 학생들이 기부 버튼을 누르면 이것을 받아서 서버에 있는 mySubmit함수를 호출하도록 돼있다. 그런데 코드를 설명하기에 앞서 생각해 볼 부분이 있다. 하나의 그룹에서도 여러 명이 팀에 기부를 할 경우 각자가 기부를 하는 시간이 조금씩 다르기 때문에 그룹의 마지막 사람이 기부를 종료할 때 까지는 라운드의 결과를 확인할 수 없다. 따라서 이미 기부를 하고 기다리고 있는 학생은 다른 학생이 기부를 종료한 후에야 승패 여부를 알 수 있다. 따라서 주기적으로 서버에 접속하여 결과가 나왔는지 확인해야 한다.

이를 구현하기 위해서는 기술적으로 타이머 함수를 동원하여 지속적으로 클라이언트가 서버의 정보를 확인하도록 해야 한다. 물론 이렇게 코드를 짜는 것이 정석이겠지만 GAS가 제공하는 자원은 최대 40~50명 정도가 실험을 운영하기에 필요한 정도로 제한되어 있다. 따라서 주기적으로 40~50대의 컴퓨터가 서버의 특정 함수를 호출하도록 한다면 구글의 자원 사용에 문제가 될 수 있다.

따라서 현재 모델에서는 기부금을 입력 후 최초 1회의 경우에는 자동적으로 갱신이 되지만 그 이후에는 자신들이 필요에 따라 갱신버튼을 눌러 서버의 자료를 업데이트하게 하여 서버의 부담을 줄였다. 다만, 이 경우에도 학생들이 매우 빠르게 지속적으로 갱신버튼을 누른다면 서버의 부담이 증가할 것이나 미리 구두로 필요할 경우에만 정보 갱신을 하도록 안내하나면 부담을 어느 정도는 피할 수 있다.[25)]

5) 공공재 실험: Contribution 분석

위의 routine 함수를 통해서 index.html 홈페이지에 필요한 정보를 제공한다. 각 학생은 각각의 라운드에서 얼마를 기부할지를 결정한다. 이렇게 기부를 결정한 후 기부버튼을 누르면 클라이언트의 contribute()함수가 호출된다.

```
function  Contribute ()
{
  var  hnd_myid  = document .getElementById ('myid');
```

25) 물론 이렇게 반 자율적으로 설계한 이유는 아직까지 구글의 자원사용의 한계를 확인하지 못했기 때문이다. 적어도 경험적으로는 50명 정도가 동 시간에 상호작용하는 데에는 문제가 없었으나 수백명의 경우에는 테스트를 해보지는 못했다.

```
    var hnd_mypass = document .getElementById ('mypass');
    var hnd_mycont = document .getElementById ('mycont');

    google .script .run .withSuccessHandler(onSuccess ).mySubmit (hnd_myid .value , hnd_mypass .value , hnd_mycont .value );

    hnd_mycont .value ="";
    setTimeout (clientRoutine ,4000 );
  }
```

Contribute 함수를 실행하면 서버에 mySubmit함수를 실행한다. 이 때 인수로 아이디와 패스워드 그리고 기부량을 서버로 보낸다. 이후에 다시 ClientRoutine함수를 한 번 1초 후에 실행한다. 이는 서버의 정보가 업데이트가 되었는지를 확인하기 위해서이며 이후로는 사용자가 새로 고침을 통해서 정보를 갱신하도록 설계하였다.

```
function clientRoutine () {
    var hnd_myid = document .getElementById ('myid');
    var hnd_mypass = document .getElementById ('mypass');
    if (hnd_myid .value !="" & hnd_mypass .value !="") {
      google .script .run .withSuccessHandler(onSuccess ).routine (hnd_myid .value , hnd_mypass .value ); }
}
```

이제 서버의 mySubmit 함수를 분석해보자.

```
function mySubmit (myid , mypass , crystal ) {
  var Hnd = SpreadsheetApp .openById ('**코드id**');
  var ParamHnd = Hnd .getSheetByName ('Parameters');
  var ResHnd = Hnd .getSheetByName ('Expr2_Result');
```

```
    var  SubjHnd  = Hnd .getSheetByName ('Subjects');

    var  CurRound  = ParamHnd .getRange (7 ,2 ).getValue ();
    var  SubjData  = SubjHnd .getDataRange ().getValues ();
    var  CurSession  = ParamHnd .getRange (2 ,2 ).getValue
  ();
    var  CurCrystal ;

    var  pos =-1 , msg ;

    if (CurSession ==2 ) {
      if (CurRound ==1  | CurRound ==3  | CurRound ==5
 | CurRound ==7  | CurRound ==9 ) {
        for (var  i =1 ;i <SubjData .length ;i ++) {
          if (SubjData [i ][2 ]==myid  & SubjData [i ][3
]==mypass ) {
            pos =i +1 ;
            break ;
          }
        }

        if (pos >1 ) {
          CurCrystal =ResHnd .getRange (pos ,13 ).getValue
  ();
          if (ResHnd .getRange (pos , CurRound +1 ).getValue
()=="") {
            if (crystal >CurCrystal  | crystal  <0  ) {
              msg  = "너무 많거나 적어서"+crystal
 + "만큼 그룹에 기부할 수 없습니다. 다시 기부하여 주세요. 기부하
고 싶지 않으면 0을 기부하세요. ";
            } else  {
              ResHnd .getRange (pos , CurRound +1 ).setValue
```

```
37    (crystal );
38                   ResHnd .getRange (pos ,13 ).setValue (CurCrystal
39    -crystal );
40                   msg  = "기부를 종료하였습니다. " + crystal
41     +"개의 크리스털을 종족에 기부하였고 " + (CurCrystal -crystal
42    ) + "개의 개인 크리스털이 남아 있습니다.";
43                 }
44               } else  {
45                 msg
46     = "이미 그룹에 기부를 하였습니다. 다시 기부할 수 없습니다. “
47      ;         }
48             } else  {
49               msg  = "아이디와 패스워드를 찾을 수 없습니다. ";
50             }
51           } else  {
52             msg
53      = "이번라운드는 기부하지 않고 결과를 확인합니다. ";
54           }
55         } else  {
56           msg ="실험이 아직 시작하지 않았습니다. ";
57         }
58         return  msg ;
59       }
```
코드 51

우선 라인15-24는 인수로 넘겨진 아이디와 패스워드를 바탕으로 등록된 학생인지 찾는다. 1보다 큰 양수이면 등록된 회원이며 subject 시티의 위치를 리턴하고 있으며 만약 2보다 작을 경우 이는 등록된 회원이 아니다. 이 경우 라인49를 통해서 입력된 인수의 학생을 찾을 수 없다고 알려준다.

등록된 사용자의 경우 results 시트에 접속하여 13열(M열)에 있는 남아있는 크리스털 개수를 조회한다.

```
CurCrystal =ResHnd .getRange (pos ,13 ).getValue ();
```

아래 표7은 result 시트를 설명하고 있으며 13열(M열)은 현재 남아있는 크리스털의 개수를 알려준다. 현재 라운드에서 기부하려는 크리스털의 개수가 0보다 적거나 현재 남아 있는 크리스털의 개수보다 크면 해당 투자량을 받아주지 않고 다시 기부하게 만든다. (라인 31-35)

〈표7〉 Results 시트

	A	B	C	D	E	F	G	H	I	J	K	L	M
1	ID	1RD	1정보	2RD	2정보	3RD	3정보	4RD	4정보	5RD	5정보		크리스탈
2	AAA	yes	2	yes	4	yes	1	yes	3				2
3	BBB	no	3	no	0	no	1	no	1				7
4	CCC	yes	1	yes	4	yes	1	yes	2				4
5	DDD	yes	3	no	0	no	1	no	3				5
6	EEE	yes	2	yes	3	yes	4	yes	3				0
7													

만약 현재 기부량이 남아 있는 크리스털의 개수보다 작으면 라인36-39를 통해 정보셀26)에 이번에 기부하는 크리스털의 개수를 기입하게 하고 남아있는 크리스털의 정보를 M열에서 갱신한다. 이 실험에 참여하는 학생의 입장에서는 5라운드(보여지는 라운드 기준, 내부적으로는 9라운드)에서 기부를 하는 것으로 끝나기 때문에 학생과 관련된 중요 처리 부분은 종료된 반면 연구자의 입장에서는 각 라운드가 진행될 때마다 실제로 승리한 팀을 결정하고 그들의 기부량을 공개하는 등의 내부적인 처리를 해야 한다. 이 실험을 오프라인에서 한다면 자원봉사자를 통해서 이 처리를 해야 한다.

이는 nextround함수를 통해서 구현하였다.

26) 예를 들어 5라운드의 정보 셀은 K열이다.

```
function  nextRound ()
{
  var  Hnd  = SpreadsheetApp .openById ('**시트id**');
  var  SubjHnd  = Hnd .getSheetByName ('Subjects');
  var  ParamHnd  = Hnd .getSheetByName ('Parameters');
  var  ResHnd  = Hnd .getSheetByName ('Expr2_Result');

  var  CurRound  = ParamHnd .getRange (7 ,2 ).getValue ();
  var  RegisteredSubject = SubjHnd .getLastRow ();
  var  KindSum  = new  Array (3 ), KindRank  = new  Array (3
),  KindName  = new  Array (3 );
  var  myKind ;

  KindSum [0 ]=0 ;
  KindSum [1 ]=0 ;
  KindSum [2 ]=0 ;
  KindRank [0 ]=0 ;
  KindRank [1 ]=0 ;
  KindRank [2 ]=0 ;
  KindName [0 ]="Human";
  KindName [1 ]="Orc";
  KindName [2 ]="Undead";

  switch  (CurRound ) {
    case  1 :
    case  3 :
    case  5 :
    case  7 :
    case  9 :

      for (var  i =2 ;i <=RegisteredSubject;i ++) {
        myKind =SubjHnd .getRange (i ,6 ).getValue ()-1 ;
```

```
        if (ResHnd .getRange (i ,CurRound +1 ).getValue
()!="") {
          KindSum [myKind ]+=ResHnd .getRange (i ,CurRound +1
).getValue ();
        }
      }

      for (var  i =0 ;i <3 ;i ++) {
        for (var  j =0 ;j <=3 ;j ++) {
          if (KindSum [i ]<=KindSum [j ]) {
            KindRank [i ]++;
          }
        }
      }

      for (var  i =0 ;i <3 ;i ++) {
        if (KindRank [i ]==1 ) {
          ResHnd .getRange (101 +i ,9 ).setValue (ResHnd
.getRange (101 +i ,9 ).getValue ()+1 );
        }
      }

      for (var  i =2 ;i <=RegisteredSubject;i ++) {
        myKind =SubjHnd .getRange (i ,6 ).getValue ()-1 ;
        if (KindRank [myKind ]==1 ) {
          ResHnd .getRange (i ,CurRound +2 ).setValue (3
 );
        } else  {
          ResHnd .getRange (i ,CurRound +2 ).setValue (0
 );
        }
      }
```

```
        break ;

        default :
      }

      switch (CurRound ) {
        case  1 :
        case  5 :
        case  9 :
        for (var  i =0 ;i <3 ;i ++) {
          if  (KindRank [i ]==3 ) {
            ResHnd .getRange (100 +KindRank [i ],(CurRound +1 )/2 +1
    ).setValue (ResHnd .getRange (100 +KindRank [i ],(CurRound +1
    )/2 +1 ).getValue ()+" "+KindName [i ]);
          } else  {
            ResHnd .getRange (100 +KindRank [i ],(CurRound +1 )/2 +1
    ).setValue (ResHnd .getRange (100 +KindRank [i
    ],(CurRound +1 )/2 +1 ).getValue ()+" "+KindName [i
    ]+"("+KindSum [i ]+")");
          }
        }
        break ;

        case  3 :
        case  7 :
        for (var  i =0 ;i <3 ;i ++) {
          ResHnd .getRange (100 +KindRank [i ],(CurRound +1 )/2 +1
  ).setValue (ResHnd .getRange (100 +KindRank [i ],(CurRound +1 )/2
  +1 ).getValue ()+" "+KindName [i ]);
        }

        break ;
```

```
        default :
      }

      if  (CurRound ==9 ) {
        var  FinalRank  = ResHnd .getRange
    ("i101:i103").getValues ();
        KindRank [0 ]=0 ;
        KindRank [1 ]=0 ;
        KindRank [2 ]=0 ;

        for (var  i =0 ;i <3 ;i ++) {
          for (var  j =0 ;j <3 ;j ++) {
            if (FinalRank [i ]<=FinalRank [j ]) {
              KindRank [i ]++;
            }
          }
        }

        for (var  i =0 ;i <3 ;i ++) {
          switch (KindRank [i ]) {
            case  1 :
              ResHnd .getRange (101 ,7 ).setValue (ResHnd .getRange
(101 ,7 ).getValue () + " " + KindName [i ]);
              break ;

            case  2 :
              ResHnd .getRange (102 ,7 ).setValue (ResHnd .getRange
(102 ,7 ).getValue () + " " + KindName [i ]);
              break ;

            case  3 :
              ResHnd .getRange (103 ,7 ).setValue (ResHnd .getRange
```

```
(103 ,7 ).getValue () + " " + KindName [i ]);
            break ;

          default :
        }
      }

      for (var  i =2 ;i <=RegisteredSubject;i ++) {
        myKind =SubjHnd .getRange (i ,6 ).getValue ()-1 ;
        var  ExtraPoint  = ResHnd .getRange (i ,3 ).getValue
()+ResHnd .getRange (i ,5 ).getValue ()+ResHnd .getRange (i ,7
).getValue ()+ResHnd .getRange (i ,9 ).getValue ()+ResHnd
.getRange (i ,11 ).getValue ();

        if (KindRank [myKind ]==1 ) {
          ResHnd .getRange (i ,12 ).setValue (ResHnd .getRange (i
,13 ).getValue ()+ExtraPoint +6 );
        } else  {
          ResHnd .getRange (i ,12 ).setValue (ResHnd .getRange (i
,13 ).getValue ()+ExtraPoint );
        }
      }
    }
    if  (CurRound <10 ) {
      ParamHnd .getRange (7 ,2 ).setValue (CurRound +1 );
      return  ((CurRound +2 )/2 )+" 라운드 시작합니다.";
    } else  {
      return  "실험이 종료되었습니다.";
    }
  }
```
코드 52

nextround 함수는 실험을 통제하는 연구자에 의해서 호출되며 각 라운드에서 학생들이 기부를 종료한 후 1) 각 그룹별로 기부된 총합을 구하고 2) 그렇게 더해진 총합을 바탕으로 해당 라운드의 승자 그룹을 구한다. 3) 그리고 각 개인에게 그 해당 라운드의 승패에 따라 보상을 준다.

우선 라인14-22까지는 각 그룹별 기부합계를 담을 수 있는 kindsum과 총 기부량에 따른 합계를 담을 수 있는 kindrank, 그리고 그룹의 이름을 담을 수 있는 kindname을 초기화한다. 라인31-38번에서 각 종족별로 해당 라운드의 기부량을 모두 더한 후 이를 kindsum 변수에 입력한다.

```
for (var  i =2 ;i <=RegisteredSubject;i ++) {
        myKind =SubjHnd .getRange (i ,6 ).getValue ()-1 ;
        if (ResHnd .getRange (i ,CurRound +1 ).getValue ()!="") {
          KindSum [myKind ]+=ResHnd .getRange (i ,CurRound +1 ).getValue ();
        }
      }
```

각 학생의 현재 라운드의 값을 참조한 후 공란 “ ”이 아닌 경우 그 값을 KindSum [mykind]에 더한다. 참고할 부분이 두 가지가 있다. 이 nextround함수를 호출하는 것은 연구자이다. 연구자가 nextround를 호출할 때 모든 학생들이 기부를 종료하지 않았을 수도 있다. 서버와 클라이언트의 소통에 시간이 걸려서 처리가 늦어질 수도 있고 혹은 학생이 입력하지 않고 있을 수도 있다. 따라서 해당 셀은 빈칸일 수 있다. 이 경우 특정 시점까지 해당 란이 공란일 경우는 기부하지 않는 것으로 간주해야 하기 때문에 오직 그 값이 공란이 아닌 경우만 KindSum에 기부량을 더한다.

두 번째 포인트는 KindSum을 일종의 해쉬테이블로 사용하고 있다는 점은 참고할 만하다. 여기서 mykind는 해당 학생의 종족을 나타내는데 종족별로 합계를 만들기 위해서 if문을 사용하는 것이 아니라 방이 3개인 배열을 만들어서 그 방에 학생들의 기부량을 지속적으로 더하는 것이다. 이런 방식으로 처리하는 것을 해쉬테이블을 이용한다고 한다. mykind가 if문이나 switch문을 대체하고 있기 때문이다.

라인40-46은 이렇게 만들어진 kindsum을 바탕으로 그룹의 기부순서를 결정한다.

```
for (var  i =0 ;i <3 ;i ++) {
  for (var  j =0 ;j <=3 ;j ++) {
    if (KindSum [i ]<=KindSum [j ]) {
      KindRank [i ]++;
    }
  }
}
```

이전의 예제에서 버블소트를 사용하여 순서를 모두 정렬하는 것이 아니라 기부합계를 기초로 그룹의 순위를 입력한다. 즉, 자신보다 그룹합계가 크거나 같을 경우 1씩 KindRank에 더한다. 등호 “=”를 넣은 이유는 만약 두 개의 그룹 기부량의 합계가 동일할 경우에는 등수를 증가하여 오직 1등은 한 개의 그룹만을 남기기 위함이다. 즉, 만약 3개의 그룹의 기부량이 모두 동일하다면 결국 순위는 모두 3이 된다. 따라서 이 경우 이 그룹은 추가 크리스털을 받을 수 없다. 다른 그룹의 합계가 해당 그룹의 합계보다 클 경우 등수가 증가한다. 라인48-53은 이렇게 결정된 그룹들의 기부 순위를 result시트의 100행 이하에 기입한다. 이렇게 모아진 정보는 2, 4, 6, 8, 10라운드에 모아져 정보를 제공한다.

라인 55-64까지는 자신이 그룹이 1등, 우승일 경우 그 그룹에 속한 팀원들에게 3씩 추가 점수를 준다.

```
for (var  i =2 ;i <=RegisteredSubject;i ++) {
        myKind =SubjHnd .getRange (i ,6 ).getValue ()-1 ;
        if (KindRank [myKind ]==1 ) {
          ResHnd .getRange (i ,CurRound +2 ).setValue (3 );
        } else  {
          ResHnd .getRange (i ,CurRound +2 ).setValue (0 );
```

```
        }
      }
```

라인70-98까지는 이렇게 결정된 그룹의 순위를 바탕으로 제공할 정보의 수준을 다르게 결정하는 코드이다. 예를 들어 해당 라운드가 9일 때, 시간상으로는 5라운드 끝나고 정보를 표시하기 전에 최종 라운드의 승자 그룹을 결정하고 추가적인 보상을 각 개인에게 실시한다. 그리고 이러한 그룹관련 정보를 Result시트의 100행 이상에 정리하여 정보를 제공하는 2, 4, 6, 8라운드가 종료된 후 해당 정보를 표시한다. 또한 해당 라운드가 보이는 라운드 기준으로 2, 4라운드의 경우 그룹의 순위를 공개하더라고 그룹의 기부합계는 제공하지 않는다. 즉 제공하는 정보가 다르기 때문에 이렇게 달라지는 정보를 다르게 제공하는 코드이다.

그리고 라인100 이후로는 최종 라운드 종료 이후에 최종 결과를 정리하기 위한 코드이다. 라인113까지는 KindRank에 라운드 별 승리횟수를 바탕으로 최종 순위를 결정한다. 라인115-134까지는 이렇게 결정된 최종 순위를 Result시트의 100행에 표시하기 위한 코드이다.

```
    for (var   i =0 ;i <3 ;i ++) {
      switch (KindRank [i ]) {
        case   1 :
          ResHnd  .getRange  (101  ,7  ).setValue  (ResHnd  .getRange  (101  ,7
).getValue () + " " + KindName [i ]);
          break ;

        case   2 :
          ResHnd  .getRange  (102  ,7  ).setValue  (ResHnd  .getRange  (102  ,7
).getValue () + " " + KindName [i ]);
          break ;
```

```
        case  3 :
          ResHnd .getRange (103 ,7 ).setValue (ResHnd .getRange (103 ,7
).getValue () + " " + KindName [i ]);
          break ;

        default :
      }
    }
```

즉 for문이 0부터 2까지 증가하면 KindRank에 나오는 순위를 바탕으로 1위 그룹부터 3위 그룹까지를 표시하는 코드이다. 예를 들어, KindRank[0]에는 인간 그룹의 최종 순위, KindRank[1]에는 오크 그룹의 최종 순위, 마지막으로 KindRank[2]에는 언데드 그룹의 최종 순위가 들어있다. 예를 들어, 각각 2, 2, 3위라고 하자. 1위를 만족하는 종족이 없음으로 101행, 7열에는 아무런 정보가 입력되지 않는다. 그러나 2위인 그룹이 인간, 오크 그룹 2개가 있어 각각의 그룹명이 102행 7열에 기록된다. 마지막으로 103행 7열에 3위를 한 언데드 그룹의 그룹명이 기입된다.[27)]

	G
101	
102	인간 오크 ← ResHnd.getRange(102,7)
103	언데드

27) 위 코드는 switch문을 이용하여 직관적으로 이해하기 쉽게 작성된 코드이나 사실 매우 간략히 작성될 수 있다. 아래 예에서 KindRank[i]를 적절한 위치에 해당 그룹명을 표시하기 위해서 이용할 수 있다. 아래 코드를 참조하라. 이 경우 switch문의 역할을 KindRank[i]의 값을 이용하여 일종의 해시 테이블을 이용하였다.

```
for (var  i =0 ;i <3 ;i ++) {
ResHnd .getRange (101+KindRank[i] ,7 ).setValue (ResHnd .getRange (101+KindRank[i] ,7 ).getValue
() + " " + KindName [i ]);
}
```

참고로 nextround함수는 이 게임에 참가하는 참가자가 실행할 수 없으며 이 실험을 진행하는 연구자가 각 개인의 기부가 종료된 후 다음 라운드로 진행한다.

라. 구글 사이트에 웹앱 장착하기

이제 필요한 웹앱을 개발하였으며 연동된 html 코드도 작성하였다. 이제 마지막으로 이렇게 만들어진 웹앱을 구글 사이트에 장착하는 방법을 설명한다. 결국 웹앱도 사용자에 의해서 호출이 되어야 하기 때문이다. 사이트를 이용하지 않는다면 일일이 각 사용자가 해당 웹앱을 호출하도록 하거나 혹은 구글 폼, 이멜을 이용하여 사용자가 해당 웹앱을 접근하도록 해야 한다.

사실 일반 사이트에서 웹앱을 호출하려면 호출된 웹앱이 표시될 프레임에 대한 고려가 있어야 한다. 프레임은 홈페이지에서 특정 내용이 표시될 공간이며 이 공간이 어떻게 배치되고 이용될 것인가에 대한 규정이 있어야 한다는 뜻이다. 그러나 구글 사이트를 통해서 웹앱을 호출하면 프레임에 대한 고려 없이 호출할 수 있다. 구글 사이트에서 표시될 곳, 프레임을 설정하여 특정 구역에서만 웹앱이 작동되도록 만들기 때문이다.

각자 개인이 구글 사이트에 들어가서 웹앱을 장착할 사이트를 만든다. 본 예제에서는 저자의 사이트[28]에 웹앱을 추가하였다. 웹앱의 추가는 자신의 구글 사이트에 들어가서 편집버튼을 누르면 추가할 수 있는 여러 가지 요소들을 보여준다. 그 중에 텍스트 상자, 이미지 등의 요소를 추가할 수 있는 데 “< >삽입”이라고 적힌 것이 있는데 여기에 범용의 Url 주소를 이용하여 다양한 스크립트를 홈페이지에 장착할 수 있다. 이것을 클릭하면 아래와 같은 화면을 볼 수 있다.

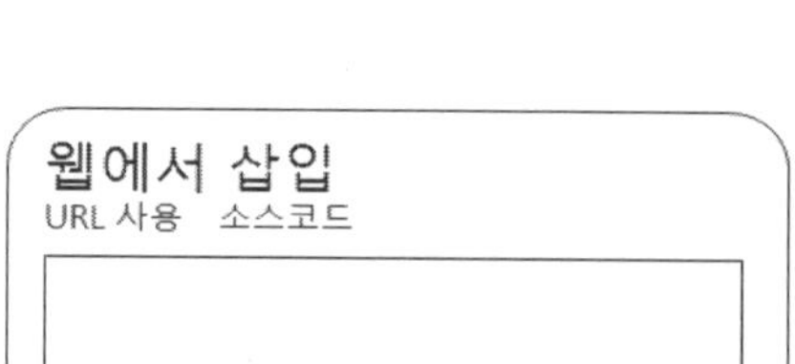

28) sites.google.com/view/dooseokjang

위에 웹앱을 배포할 때 복사할 수 있었던 url을 복사하여 붙여 넣기 하면 웹앱을 구글 사이트에 장착할 수 있다. 이 경우 회색 공간이 만들어지는 데 이 구역의 크기는 드래그해서 조절할 수 있다. Expr_Sigin GAS코드를 위와 같이 해당 사이트에 입력하면 아래와 같이 웹앱이 작동하는 것을 볼 수 있다.

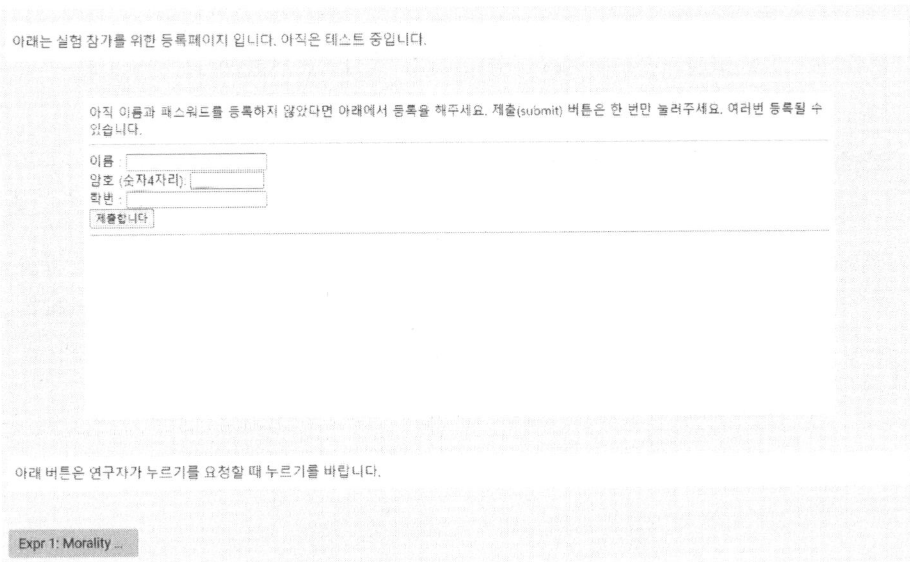

〈그림5〉 Expr_Signin이 사이트에 장착된 모습

마찬가지로 실제 게임을 구현하는 Expr_RaceWar의 경우도 위와 동일한 과정을 거처 구글 사이트 내에 구축할 수 있다. 구글 사이트는 구글에 의해서 끊임없이 운영하고 있음으로 마찬가지로 실험의 등록이나 게임의 경우에도 끊임없이 운영이 가능하다.

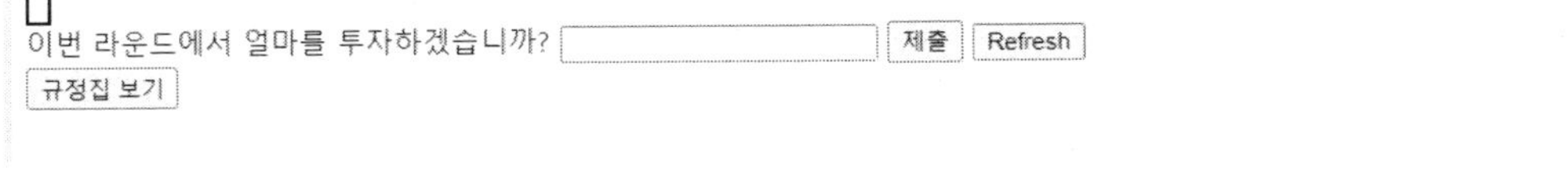

〈그림6〉 Expr_RaceWar가 사이트에 장착된 모습

마지막으로 개념적으로 리서처가 실험의 운영을 위해서 처리해야 하는 부분과 공개적으로 실험 참가자가 처리해야 하는 부분을 구분해서 프로젝트를 만들어야 한다. 이 예제에서는 configuration 시트를 이용해서 이러한 처리 부분을 구현하였지만 웹사이트를 통해서 구현할 수도 있다.

- *(exercise) 온라인에서 구현하고 싶은 실험을 설계한다. 그리고 그 실험이 작동할 수 있게 구글 사이트, GAS, 구글 시트 등을 연동하는 프로젝트를 만들어 보자. 이 프로젝트는 한 사람이 할 수도 있지만 적어도 팀을 만들어 하는 것을 권장한다. 또한 기간도 한 학기 정도 충분히 시간을 투자해야 할 것이다.*

- *(exercise) 경제실험이 아니라고 해도 온라인으로 참가자들끼리 상호작용을 할 수 있는 프로그램을 구현해보자. 가능하면 이 프로젝트가 사회에 어떠한 영향을 끼칠 수 있고 그로 인해 파생되는 결과를 예측해보자.*

06

기타 고려할 사항

첫 번째로 본 실험에서 사용된 수정된 공공재 게임의 경우 최대 50명 내외의 상호작용에 사용하였다. 그리고 50명 정도를 운영하는 데에는 큰 무리가 없었다. 물론 50명이 동시에 웹앱에 접속하지 않기 위해서 여러 가지 고려를 하였지만 결론적으로는 50명의 상호작용에는 무리 없이 작동하였다. 그러나 만약 동시에 상호작용을 해야 하는 사람들의 숫자가 백, 이백 명을 넘어갈 경우는 테스트하지 않았음으로 이에 대해서는 담보할 수 없다.

두 번째는 여기서는 구글 사이트와 웹앱의 상호작용에 대해서만 설명을 하고 있다. 따라서 구글 사이트가 아닌 일반적인 사이트와 웹앱과의 상호작용을 위해서는 간단히 설명하였지만 추가적인 처리가 필요하다. 예를 들어 웹앱의 결과를 보여줄 공간을 확보하여야 한다. 만약 이러한 공간을 프레임 등을 조작하지 않고 그래도 보여주게 되면 원하지 않는 결과를 볼 수도 있어 주의가 필요하다.

세 번째 경제실험을 일반적으로 구현하기 위한 장치는 이미 많이 사용되고 있다. 예를 들어 Z-Tree (Fischbacher, 2007)가 대표적으로 대부분의 실험을 위한 코드와 기능이 완성되어 있다. 그러나 Z-Tree는 컴퓨터실과 같은 경제실험을 위한 장소가 있을 때에 사용이 가능한 반면 지금과 같은 코로나19로 인해 온라인으로 처리를 해야 하는 경우에는 Z-Tree가 해결책이 되기가 어렵다. 온라인으로 산재하는 학생들을 엮어서 상호작용을 할 수 있도록 서버가 필요하기 때문이다.

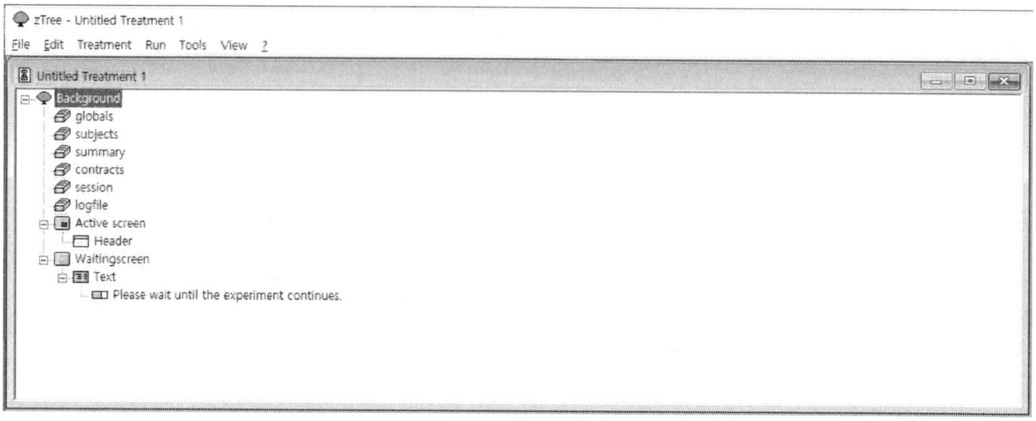

〈그림7〉 오프라인 실험실 개발을 위해서 사용하는 Z-Tree 실행 화면

네 번째는 여기서 보여주는 코드와 예제들은 대체로 수업시간에 교육적인 목적으로 사용하기 위해서 설계하였다. 연구자에 따라서는 이러한 장치를 실제 학술적 목적의 경제실험을 실시하기 위해서 사용할 수 있을 것이다. 이럴 경우 가장 주의를 기울여야 하는 부분은 학생들 간 컴퓨터 사용 환경이 다 다르다는 점을 이해하는 것이다. 어떤 학생은 노트북으로 실험에 참가할 수도 있지만 어떤 학생은 스마트폰으로 실험에 참가할 수 있다. 이 때 화면 크기나 친숙도 등 다양한 환경에서 차이가 나고 이러한 차이로 인해서 실제 의사결정에도 차이를 만들 수 있다. 이러한 부분에 대한 고려가 필요하다. 따라서 접속환경을 컴퓨터로 제한한다던지 하는 추가적인 제한이 필요하다.

다섯 번째는 네 번째 주안점의 연장선상인데, 여기서 작성된 코드의 대부분이 직관적으로 이해가능하게 작성되었다. 실제로 약간의 효율성 등을 생각한다면 이미 만들어진 함수를 사용하는 등 코드를 약간 변형하면 효율성을 높일 수 있다. 때문에 교육적 목적이 이상을 고려하면서 작성할 경우 고려해야 할 부분이 많아진다.

여섯 번째는 GAS는 구글 자원을 사용한다는 점이다. 따라서 어느 정도의 자원을 사용할 수 있는 지는 구글의 정책에 따라 다를 수 있으며 향후에 변경될 수 있다. 이 부분은 GAS를 안정적으로 사용하기 어려운 조건을 만든다.

일곱 번째는 비용적인 부분이다. 물론 교육적인 차원에서 만들 경우 높은 품질이나 사용자 편의를 고려하지 않고 만들기 때문에 사실은 추가적인 비용이 들어가지 않는다. 그러나 만약 좀 더 세련된 실험을 설계하는 경우 디자인, 운용 등 많은 부분에서 추가적인 비용이 발생할 가능성이 있다.

그럼에도 불구하고 2021년 현재 GAS를 이용한 실험환경의 구축은 특히 교육적인 차원에서 장점이 있다. 그리고 코로나19가 지금처럼 지속된다고 할 때 온라인 환경을 이용한 이러한 접근은 분명 학생과의 다양한 상호작용을 위해서 도움이 될 것이다.

07

부록

가. 이스케이프 표현과 문자열 관련 함수

문자열 안에 포함되어 특수한 문자를 표현할 수 있다.

\‘, \“

문자열 내에서 작은따옴표와 큰따옴표를 표시하기 위해서 사용된다. 즉, ”\“안녕\””“라는 문자열을 표현하면 ”안녕“이 표현된다.

\\

문자열 내에서 역슬래시를 표현하기 위해서 사용된다.

\n, \r
\n은 행을 바꾸는 용도로 사용된다. 라인피드라고 부른다. \r은 캐리지 리턴이라

고 부르면 그 줄의 처음으로 이동하는 것이다. 그러니 최근에는 이러한 구분이 거의 없어지고 거의 동일하게 사용되는 경향이 있다.

\t

문자열에 탭을 넣는다.

\b

문자열에 백스페이스를 넣는다.

\s

스페이스와 같은 빈칸을 의미한다.

\uXXXX, \u{X}, ... \u{XXXXX}

유니코드가 XXX인 유니코드 문자를 집어넣는다. 아래는 문자열에 대한 매소드이다. 예를 들어, x="철수입니다. 안녕하세요"라고 하자.

문자열.length, 문자열.indexOf(s [,from])

배열과 같인 length는 문자열의 길이를 반환한다. x.length는 12를 반환한다. indexOf는 s문자가 문자열에 존재하는 경우 첫 번째 위치를 반환한다. 예를 들어. x.indexOf("안녕")은 7이 반환된다.

0	1	2	3	4	5	6	7	8	9	10	11
철	수	입	니	다	.		안	녕	하	세	요

위의 문자열을 위치에 대응한 표를 보면 안녕이라는 글자는 해당 문자열의 7번 위치에서 시작하는 것을 알 수 있다. 만약 해당 문자열에 존재하지 않는 문자를 찾으면 -1를 반환한다. 예를 들어, x.indexOf("안농")은 -1을 반환한다.

그리고 IndexOf의 경우 문자열을 찾는 시작점을 선택적으로 명시할 수 있다. 명시하지 않으면 처음부터 찾는다. 예를 들어, x.indexOf("안녕",8)이라고 하면 8번부터는 "안녕"이라고 하는 문자열을 찾을 수 없음으로 -1을 반환한다.

문자열.charAt(s)

s위치의 문자를 돌려준다. x.charAt(3)은 '니'를 돌려준다.

문자열.substr(s,n)

문자열의 s시작부디 n개 문자를 돌려준다. 예를 들어, x="철수입니다. 안녕하세요"라고 할 때 x.substr(0,3)은 "철수입"을 돌려주고 x.substr(2,3)는 "입니다"를 돌려준다. 문자열의 시작이 0부터 한다.

문자열.search(s), 문자열.replace(o,t), 문자열.match(s)

search는 문자열 s의 위치를 찾아서 위치를 반환하고 replace는 문자열 o를 찾아서 t로 변경한다. 예를 들어, x.search("철수")는 0을 반환한다. x.replace("철수","연희")은 "연희입니다. 안녕하세요"로 변경한다.

그런데 이럴 경우 IndexOf를 사용하면 되지 왜 굳이 search나 replace를 사용할까? 사실은 search나 replace에 입력할 수 있는 문자열이 단순 문자열이 아니라 소위 정규표현식(Regular Expression)을 입력할 수 있기 때문이다. 정규표현식이란 문자열을 찾기 위한 패턴을 정형화 한 것이다. 여기서의 정규표현식은 /패턴/옵션이라는 구조를 가진다. 정규표현식은 문자열이 아니라 위와 같은 형식을 가지는 새로운 자료형이다. 즉 패턴이라는 문자열을 찾는데 그에 대한 옵션이 붙는 것이다.

다음과 같은 예를 참고하자. x="Hello World. It's beautiful world"라고 하자. 여기서 x.search(/he/i)라고 입력하면 0을 반환한다. 기본적으로 'he'라는 문자열을 찾으라는 뜻이다. 'he'는 처음 글자부터 존재함으로 0을 반환하였다. 이때 i는 대소문자 구별을 하지 말라고 하는 옵션이다. 이 옵션이 없다면 -1을 반환한다.

g옵션은 global 즉 모든 부분에서 해당 문자열을 찾으라는 옵션이다. m옵션은 하나의 라인이 아니라 여러 개의 라인으로 된 문자열일 경우라도 모두 검색하라는 명령어이다. 일반적으로 이 옵션이 없다면 첫 번째 라인에서만 검색을 한다.

패턴에 대해서도 몇 가지 규칙이 있다. [ ]은 그 안에 있는 모든 글자 중 하나라도 일치하면 된다는 뜻이다. 예를 들어 [abc]는 a, b, c 중의 하나라도 문자열에 존재하면 참이다. [0-9]는 0부터 9까지의 모든 숫자를 가르킨다. x와 y 둘 중의 하나일 경우는 괄호를 사용한다. 즉 (x|y)가 된다. 또한 빈 공간은 \s로 표현한다.

또한 x라는 같은 패턴이 반복하는 경우 x+은 x라는 패턴이 1개나 그 이상을 의미한다. x*는 0개나 그 이상을 의미한다. x?는 0개나 1개 있을 경우를 의미한다. 예를 들어, /l[a-z]?/ig와 같은 패턴을 찾는다고 하자. 글자 l로 시작하고 알파벳 소문자, [a-z],가 그 뒤에 한 개 혹은 없는 경우를 찾는 데 대소문자를 구분하지 않고 문자열 전체에서 찾는다. 이 때 x.search(/l[a-z]?/ig)을 사용하면 2를 반환한다. 3번째 위치에 이 패턴을 첫 번째로 만족하는 ll이 존재하기 때문이다. 그런데 match를 사용하면, 즉 x.match(/l[a-z]?/ig)를 사용하면 이러한 패턴을 가지고 있는 배열을 반환한다. 이 경우 ['ll', 'ld', 'l', 'ld']를 반환한다. 단, 전역 옵션이 포함되지 않은 경우 첫 번째 찾은 문자열과 함께 그 위치도 반환한다.

이러한 정규표현식은 다양하게 응용될 수 있는데 영어 대문자로 시작해서 단어의 길이가 5글자 이상인 문자를 추출하는 정규표현식은 다음과 같다. /[A-Z][a-z]{4,}/g. 즉 영어 대문자로 시작하고 뒤에 소문자가 최소 4개 이상 나오는 단어 전체를 찾으라는 명령어이다. 여기서 match를 사용하면 ['Hello', 'World']을 반환한다. 영어 대문자로 시작하고 글자수가 5개 이상인 글자이다. 참고로 위에서는 수량을 나타내는 수량자를 *, ?, +를 소개하였는데 괄호를 사용할 수도 있다. 예를 들어 x{n, m}을 추가하면 x라는 패턴이 n개에서 m개 사이인 패턴을 검색한다.

이렇게 배열을 통해서 반환된 단어의 위치를 찾고 싶으면 IndexOf를 이용할 수 있다. 만약 동일한 글자가 존재한다면 IndexOf의 두 번째 옵션인 시작위치를 명시하면 해당 문자열에서 그 위치를 모두 찾을 수 있다. 아래의 예제를 참고하라.

```
function  main ()
{
  var  x ="나라의 말이 중국과 달라 서로 통하지 아니하므로 이런
까닭으로 어리석은 백성이 이르고자 하는 바가 있어도 끝내 제 뜻을 능
히 펴지 못하는 사람이 많다. 내가 이를 불쌍히 여겨 새로 스물열덟
글자를 만드니 사람마다 하여금 쉬이 익혀 날마다 씀에 편안케 하고자
할 따름이다.";
  var  pos =0 ;

  for  (var  y  of  x .match (/\s[^\s\t\r\n]+[이가]\s/g
 )) {
    pos  = x .indexOf (y ,pos );
    console .log ("\'"+y .replace (/[\s이가]/g ,"")+"\'의 위치
는 "+pos +"입니다.");
  }
}
```

코드 53

위 예제는 훈민정음의 현대적 해석본에서 이/가로 이루어진 글자를 찾는다. match (/\s[^\s\t\r\n]+[이가]\s/g)에서 처음에 빈칸으로 시작하고 빈칸 및 탭 등 일반적이지 않은 글자가 한 개 이상 계속되고 그 이후에 '이'나 '가' 나온 이후 빈칸이 나오는 패턴을 찾는다. 말하자면 "철수가"와 같은 패턴이다. 이렇게 찾은 패턴의 위치를 indexOf함수를 이용하여 찾는다. 이전 문자열의 위치는 pos에 저장이 되어 있기 때문에 해당 위치부터 match함수로 찾은 패턴의 위치를 반환한다. 그리고 pos에 이번에 찾은 문자열의 위치를 업데이트 한다. 이 때 패턴은 빈칸이 포함되어 있어 replace함수를 이용하여 빈칸이나 '이' 혹은 '가'를 제거한 후 그 위치와 함께 출력한다. 아래는 그 결과물이다.

‘말’의위치는3입니다.
‘백성’의위치는39입니다.
‘바’의위치는51입니다.
‘사람’의위치는76입니다.
‘내’의위치는84입니다.
‘쉬’의위치는122입니다.

해당 패턴을 일치하는 문자열을 찾은 후 그 문자를 가공하여 위치를 반환하고 있다. 위 예제는 응용할 가능성이 높은 예제이니 참고할 필요가 있다.

나. Math 객체

자주 사용되는 Math객체에 대해서 간략이 설명한다. Math 객체는 수학과 관련된 함수나 프로퍼티라는 변수를 가지고 있다. 예를 들어, Math.PI는 원주율 3.14159... 값을 돌려준다. Math.E는 자연로그의 밑, 2.717...의 값을 돌려준다.
아래는 자주 사용되는 함수(Math객체의 매소드)이다.

Math.abs(x)

abs(x) 함수는 x의 절대값을 돌려준다. x가 -1이면 1을 1이면 1을 돌려준다.

Math.sin(x), Math.cos(x), Math.tan(x)

각각 사인함수, 코사인함수, 탄젠트 함수의 값을 돌려준다.
Math.exp(x), Math.log(x)

각각 exp(x)와 자연로그 log(x)의 값을 되돌려 준다.

Math.ceil(x)

x보다 크거나 같은 수중에서 가장 작은 수를 돌려준다. 예를 들어, $x = 3.14$일 경우 4를 돌려준다.

Math.floor(x)

x보다 작거나 같은 수중에서 가장 큰 수를 돌려준다. 예를 들어 x의 값이 3.14일 경우 3을 돌려준다.

Math.trunc(x)

x의 정수부분을 돌려준다. 예를 들어 x가 3.14거나 x가 3.99거나 모두 3을 돌려준다.

Math.random()

0과 같거나 크고 1보다 작은 난수를 반환한다.

Math.sign(x)

x의 부호를 돌려준다.

Math.max(x1, x2, ...), Math.min(x1, x2, ...)

0개 이상의 인수가 입력되었을 때 각각 가장 큰 수와 가장 작은 수를 돌려준다.

다. Array 객체

역시 자주 사용되는 Array객체를 간략하게 설명한다. 다음과 같은 예제를 참조하자.

var frd = [“철수”, “민호”, “미애”];

frd.length

length 프로퍼티는 이 배열의 길이를 돌려준다. 이 때 돌려주는 값은 방의 개수이기 때문에 이 예제에서는 3을 돌려준다.

frd.pop(), frd.push(“영희”)

스택이라는 자료구조가 있다. 마치 바닥부터 어떤 정보를 입력하여 쌓아놓는 것과 같다. 자료를 쌓을 때는 push를 써서 계속 자료를 입력하는 반면 자료를 꺼낼 때는 가장 마지막에서부터 자료를 꺼내어 쓰는 것이다. 즉 push를 사용하면 가장 마지막에 자료가 입력되고 pop를 사용하면 가장 마지막의 자료가 나온다. 당연히 pop을 사용하여 마지막의 자료를 꺼내면 마지막의 요소는 삭제된다. 즉 frd.pop()은 ‘미애’를 가리키고 frd에는 ‘철수’와 ‘민호’만 남는다.

frd.shift(), frd.unshift(“영희”)

Push와 pop이 스택을 구현하기 위한 메소드였다면 조금 다르게 앞에서부터 자료를 끄집어내고 앞에 입력하기 위한 메소드가 shift와 unshift이다. 예를 들어, frd.shift()는 ‘철수’를 말하고 frd는 ‘민호’와 ‘미애’가 차례대로 남는다.

스택과 대비되는 자료구조로 큐(queue)가 있다. 큐는 새로운 자료를 뒤에 추가하고 자료를 꺼낼 때는 앞에서부터 꺼낸다. 즉, pop과 shift를 사용하면 큐라는 자료구조를 구현할 수 있다.

frd.indexOf("민호")

해당 자료, 즉 '민호'가 있는 위치를 돌려준다. 민호는 위 배열에서 두 번째의 위치에 존재한다. 따라서 위 예제의 값은 1을 돌려준다. 왜냐하면 0이 첫 번째 1이 두 번째이기 때문이다. 만약 자료를 찾지 못하면 -1을 반환한다.

frd.splice(pos, n)

첫 번째 인수 pos는 중간에 지울 위치를 나타낸다. n은 해당 위치부터 몇 개의 항목을 지울 것인지를 결정한다. splice(1,1)은 첫 번째 인덱스 민호를 삭제한다. 반면 splice(1,2)는 '민호'와 '미애'를 삭제한다.

frd.fill(c, s, n)

배열을 내용을 c로 채우는데 s 인덱스부터 n개의 항목을 모두 c로 채운다. 예를 들어, frd.fill(0,0,frd.length)라고 하면 이 배열의 값을 모두 0으로 채운다.

frd.find(), frd.findIndex()

기타로 find함수나 findIndex와 같이 특정한 값 혹은 특정한 값의 인덱스를 찾는 함수가 있다. 다만 특정한 값을 찾기 위해서는 이 함수를 정의해야 한다. 함수를 정의하기 위해서는 지금까지 우리가 배운 function을 사용할 수도 있지만 "=>"를 사용해서 정의하는 방법도 있다.

```
element => element >3 && element <5
```

위의 식도 화살표로 정의된 함수이다. 이 함수의 이름은 모르지만 인수로 element를 사용하는 데 그 값이 3보다 크고 5보다 작은 경우 참을 반환한다.

```
function  main ()
{
  var  frd =[ 1 , 3 , 4 , 2 , 3 , 4 , 5 ];
  var  who  = frd .findIndex (element  => element  >3  && element  <5 );
  console .log (who );
}
```

위 예제에서 findindex 함수는 3보가 크고 5보다 작은 첫 번째 요소의 인덱스를 반환한다. 그 값은 2가 된다.

참고문헌

백병부, 정제엽 (2020). 등교수업 한 달, 학교는 무엇이 달라졌나?. 경기도교육연구원 이슈페이퍼. 2020-09.

Fischbacher, U. (2007). Z-tree: Zurich Toolbox for Ready-Made Economist Experiments. Experimental Economics, 10(2), 171-178.

Gneezy, U. & Rustichini, A. (2000). “A fine is a price,” Legal Studies, 29(1), 1-17.

Haigner, S. D. & Wakolbinger, F. (2010), `To lead or not to lead. Endogenous sequencing in public goods games', Economics Letters 108(1), 93-95.

Jang, D. S. (2020). ‘Influences of Reciprocity on a Consumer Boycott in an Experiment’. Journal of Economic Theory and Econometrics, 31(4), 41-68.

Levati, M. V., Sutter, M. & van der Heijden, E. (2007), `Leading by Example in a Public Goods Experiment with Heterogeneity and incomplete Information,‘ Journal of Conict Resolution 51(5), 793-818.

Seinen, I. and A. Schram (2006). “Social Status and Group Norms: IndirectReciprocity in a Repeated Helping Experiment,” European Economic Review50(3), 581–602.

Smith, V. L., Suchanek, S. L., Williams, A. W. (1988). ‘Bubbles, crashes, and endogenous expectations in experimental spot asset market,’ Econometrica, 56(5), 1119-1151.